Vínculo fantasma

Tatiana Paranaguá

Vínculo fantasma
Os relacionamentos voláteis da atualidade

1ª edição

EDITORA RECORD
RIO DE JANEIRO • SÃO PAULO
2024

CIP-BRASIL. CATALOGAÇÃO NA PUBLICAÇÃO
SINDICATO NACIONAL DOS EDITORES DE LIVROS, RJ

P242v   Paranaguá, Tatiana
         Vínculo fantasma : os relacionamentos voláteis da atualidade / Tatiana Paranaguá. - 1. ed. - Rio de Janeiro : Record, 2024.

         ISBN 978-85-01-92123-9

         1. Psicanálise. 2. Relações humanas. 3. Inovações tecnológicas - Aspectos sociais. 4. Desamparo (Psicologia). 5. Conflito (Psicologia). I. Título.

                        CDD: 158.2
23-87522   CDU: 159.9:316.4.063

Meri Gleice Rodrigues de Souza - Bibliotecária - CRB-7/6439

Copyright © Tatiana Paranaguá, 2024

Todos os direitos reservados. Proibida a reprodução, armazenamento ou transmissão de partes deste livro, através de quaisquer meios, sem prévia autorização por escrito.

As histórias apresentadas neste livro são baseadas em experiências reais. Para proteger a privacidade e preservar o anonimato dos envolvidos, todos os nomes, lugares e contextos foram alterados de forma a garantir a confidencialidade dos indivíduos mencionados.

Texto revisado segundo o Acordo Ortográfico da Língua Portuguesa de 1990.

Direitos exclusivos desta edição reservados pela
EDITORA RECORD LTDA.
Rua Argentina, 171 – Rio de Janeiro, RJ – 20921-380 – Tel.: (21) 2585-2000.

Impresso no Brasil

ISBN 978-85-01-92123-9

Seja um leitor preferencial Record.
Cadastre-se no site www.record.com.br
e receba informações sobre nossos
lançamentos e nossas promoções.

Atendimento e venda direta ao leitor:
sac@record.com.br

O amor é a terra humilde onde as boas sementes brotam.
Os pés que não tocam a terra dançam com os fantasmas.

SUMÁRIO

Prefácio	9
Apresentação	17
1. Vínculo fantasma	21
Virtual *versus* virtuoso	25
Quando mil gestos não dizem mais que uma palavra	27
Como chegamos a esse ponto	33
A vida imita a arte?	37
2. O jovial e o imaturo	43
Crescer é sinônimo de viver	46
Nascimentos complicados	50
Os tipos de *puer aeternus*	52
Imaturidade corrosiva	57
Crise de meia-idade, o *puer* adormecido	59
Os avisos do universo	64
Tempo para quê?	67
Mortos-vivos e a imaturidade corrosiva	69
Outros vínculos do fantasma: família e amizades	76
A vida provisória e a vida a ser vivida	78
Nem tudo que some é fantasma	80
Os fantasmas passivos	83
A vítima e o predador	84
Errar é humano, persistir no erro é preocupante	87
3. Amar e ser amado	91
Opostos complementares, a origem de tudo quanto há	94
Paixão e arrebatamento	97

A paixão é a primeira oferenda no altar do amor 99
Amores voláteis e compulsão 104

4. Eros e Psiquê 107
Um cristal de infinitas faces 107
Um outro ângulo 109
O mundo da mãe 110
O mundo do pai 113
A lanterna 115
Deméter e Perséfone: a *puella* 118
Os degraus mais altos 120
Ao pé da escada 122

5. Complexo de Psiquê 127

6. As quatro fases fundamentais da psique: criança, herói, regente e sábio 133
As armadilhas do herói 139
As armadilhas do regente 142
As armadilhas do sábio 144
A regressão do lar parental 145
Saudosismo da infância 149
Psique mundi 150
Dissolve e não coagula 155
Transitoriedade e imaturidade corrosiva 157

Epílogo: Em busca de sentido 163

Agradecimentos 169
Anexo I: Eros e Psiquê 171
Anexo II: O sonho de Nabucodonosor 179
Notas 181
Bibliografia 193

Prefácio

Este livro singular nos chama para refletir sobre a atual "epidemia de imaturidade nos relacionamentos amorosos". Muito bem escrito, em tom pessoal que não esconde as emoções positivas ou perturbadoras que acompanham o dia a dia de muitos anos de prática clínica, levanta uma infinidade de questões. Tatiana Paranaguá não apenas relata problemáticas e estratégias na solução de tantos casos individuais, à luz da teoria de Carl Gustav Jung, mas também põe em cena mitos antigos que ressoam em cada um de nós, em dramático confronto que tanto pode superar como agravar os conflitos que nos agitam.

Na riqueza das situações que evoca, demonstra cabalmente que o cenário dessas tensões não se limita ao âmbito individual. Revela todas as ambiguidades e os paradoxos do contexto social-histórico em que todos nós, cidadãos de um mundo em total perplexidade diante do futuro, tentamos encontrar algum sentido.

Diz ela: "Me deparei com o arquétipo do *puer aeternum* – ou eterna criança – como artífice de um padrão de comportamento disfuncional nos relacionamentos afetivos atuais que vem se alastrando de forma alarmante." Vou deixar para os leitores o prazer de acompanhar o *puer aeternum* em todas as suas manifestações, seus volteios e desacertos. Apenas tentarei, a partir de algumas questões levantadas pela autora, evocar certos aspectos que me parecem significativos das mais recentes transformações da "cultura ocidental".

Logo no primeiro capítulo surge a pergunta: "Como chegamos a esse ponto? (...) Há pouco tempo, na virada do século XIX para o XX, a humanidade iniciou esse processo vertiginoso de transmutação e dissolução que está em pleno curso, e do qual fazemos parte." Com a liberdade que me outorga a antiga função de professora orientadora, prefiro situar a ocorrência da virada em recorte anterior: as últimas décadas do século XVIII, que marcam o ponto de partida da revolução industrial. Desde então, o nosso mundo se transformou.

Como já demonstrou Lynn T. White, preocupado com a problemática ecológica,[1] a junção da tecnologia, já bem desenvolvida, mas ainda situada no patamar do "fazer", com a ciência, mais nobre por ser dedicada ao estudo teórico, mais nobre por ser dedicada ao estudo teórico no modo de atuar no mundo. Ou, nas suas próprias palavras: "o casamento da ciência com a tecnologia, união da abordagem teórica com a empírica",[2] mudou a essência de nossa relação com o meio ambiente. Deu no que deu. Melhor dizendo: Hoje, não temos uma ideia coerente a respeito do nosso futuro.

Nada surpreendente, portanto, que até as palavras mais corriqueiras mudem completamente de sentido. Com bastante humor, Tatiana já observou que "na língua portuguesa, ficar é permanecer. Agora, 'ficar' conota uma relação leve e sem compromisso, que pode ser deletada na hora".

A "imaturidade corrosiva" destrói todos os laços. Até mesmo ameaça a perspectiva de vida. "A representação simbólica mais atual dos mortos-vivos de nossa realidade são exatamente zumbis e, no campo afetivo, os vampiros." Não são temas novos, mas "o fenômeno é a proliferação no imaginário coletivo e sua materialização através de livros, filmes, séries".

Temas antigos, sem dúvida, e sua apropriação pela cultura ocidental não datam de hoje. No decorrer do século XVIII, a ampliação do saqueio sistemático das riquezas – solo, subsolo, floresta, fauna e gente – subtraídas dos povos não europeus foi julgada necessária para o desenvolvimento daquilo que iria dar na Revolução Industrial.

No plano literário, a *hybris* daqueles que viam a si próprios como donos do mundo resultou numa qualidade de produção ímpar. Nenhum tema era proibido, exploravam-se todos os aspectos da vida, incluindo os mais tenebrosos prazeres da alma. Então floresceu, diga-se de passagem, uma literatura erótica até hoje inigualada.

Em países de língua inglesa nasceu o "romance gótico", início da moda que se iria ampliar no século seguinte. *Frankenstein, ou o Prometeu moderno* (1818), de Mary Shelley, já nos fala de um robô montado a partir de

PREFÁCIO

pedaços de corpo humano. O subtítulo realça a modernidade da dominação do mundo decorrente da Revolução Industrial, e de suas nefastas consequências. Menos de um século depois, em 1910, o cinema mudo já transformaria o livro em filme de horror.

Já no fim do século XIX, as perversas personagens do século precedente ainda se poderiam reconhecer em várias criações da literatura "decadentista", como o francês Des Esseintes, do romance *Às avessas* (1884) de J. K. Huysmans. Logo mais, viria à luz a própria encarnação daquilo que Tatiana chama de "imaturidade corrosiva", *Dorian Gray* (1891), em seu retrato.

É nessa mesma época, na Irlanda de Oscar Wilde, que surge o filão do tema do vampiro. Havia séculos que, na Europa Central, corriam lendas sobre linhagens de senhores feudais que costumavam sugar o sangue de suas vítimas para alcançar um simulacro de vida eterna. Metáfora transparente da sujeição dos servos, que gerações de camponeses expressavam por meio de contos vingativos.

O tema foi primeiro retomado por Sheridan Le Fanu, que na novela *Carmilla* (1872) descreve uma nobre *vampira*, com sutil sugestão de ambiguidade sexual. Em seguida, Bram Stoker recupera a macheza triunfante na criação do conde *Drácula* (1897), mais tarde reverberada com enorme sucesso no mundo do cinema.

Notícias esparsas acerca de zumbis também circularam no fim do século XIX, mas, ao que parece, é somente no século seguinte que se difunde o tema, a partir do livro de W. B. Seabrook, *A ilha da magia* (1929). O autor passara algumas semanas no Haiti, durante a ocupação da ilha por tropas americanas (1915-1934). Para leitores sedentos de coisas exóticas, o autor descreve cerimônias do vodu, religião de matriz africana, prima-irmã de nosso candomblé. No mundo anglo-saxão, a contribuição de Seabrook produziu uma durável coleção de estereótipos, que até hoje marcam a representação da cultura haitiana.

Entre tantos aspectos, destaca-se o personagem do zumbi. Define-se pela transformação, por meio de malefícios, de pessoas vivas em quase autômatos, para utilizá-las em trabalhos braçais. Patente expressão da herança escravista, como bem sublinha Laënnec Hurbon, sociólogo haitiano: "No escravo, o senhor só queria ver um corpo totalmente submisso a suas ordens (...). O fantasma do zumbi está presente, na escravização, e seu aparecimento, desde o século XIX até nossos dias, atesta a perfeição de um sistema que pretende levar a vítima à interiorização de sua condição."[3]

Hoje, a apropriação do zumbi pelas séries de horror, por meio da enorme indústria que as sustenta, põe em evidência a permanência de um sistema implacável de dominação. A redução do outro em objeto para ser usado ao bel-prazer de quem manda. Nas imagens do terror, a sombra fala mais alto e rege a dança macabra.

Na perspectiva junguiana, a estrutura da psique pode ser descrita como uma galáxia, sempre em transformação, incluindo diversos sistemas planetários, em torno dos quais transitam mundos em constantes revoluções. Não saberia descrever esses mundos, estruturados interna e externamente, na dialética entre centro (o Si mesmo) e periferia, quando, nas próprias palavras de Jung, "as 'camadas' mais profundas da psique perdem a peculiaridade individual em maior profundidade ou obscuridade (...). Em 'último lugar', a psique é 'mundo' em geral".[4]

Nessa galáxia, o arquétipo da sombra personifica "tudo aquilo que o sujeito não reconhece [como sendo dele próprio] e que, no entanto, às vezes o domina, direta ou indiretamente".[5] No percurso dos "Heróis" míticos, é fundamental o momento de enfrentar a Sombra, não para aniquilá-la, mas sim integrar a sua energia na dinâmica do ser próprio, o Si mesmo.

Empenhada em deslindar os recursos possíveis para reverter os aspectos sombrios do *puer aeternum*, Tatiana recorre à análise do mito de Eros e Psiquê, personagens da mitologia grega que ela conhece como ninguém, sem, contudo, desprezar a contribuição de compositores brasileiros contemporâneos, como Cazuza e Skank. Ela oferece ao leitor descrições pormenorizadas dos diversos avatares desses arquétipos, levantando questões cuja profundeza não posso deixar de sublinhar.

No "complexo de Psiquê", desenvolve narrativas ancestrais nas quais a mulher desejosa de amor se torna vítima fácil para o predador, cuja imaturidade corrosiva é, muitas vezes, encoberta pela sociedade global, que não consegue se desfazer do patriarcalismo todo-poderoso. Nem preciso lembrar aqui tantos julgamentos, tantas denúncias, que não resultam em coisa alguma.

PREFÁCIO

Bem destaca Tatiana que "nossa época, nosso *zeitgeist* de chuva ácida, dissolve tudo que toca, mas não coagula". Até a percepção da morte como inegável realidade é escamoteada. Nessa perspectiva, o "etarismo" atualmente vigente parece expressar mais uma figura do *puer aeternum*, ou seja, a falaciosa representação da eterna juventude.

Mas Tatiana não esquece que o *puer aeternum* pode também encarnar o arquétipo da criança divina, chamada a percorrer o ciclo do herói, que enfrenta armadilhas. Sua lucidez não lhe permite ignorar os perigos do caminho. "Devo dizer que uma tartaruga recém-nascida no Projeto TAMAR tem estatisticamente mais possibilidades de chegar ilesa ao mar do que um jovem da nossa sociedade à idade adulta." Muito acertadamente, evoca a relevância dos ritos de passagem em sociedades tradicionais, incluindo vivência de morte simbólica e consequente renascimento. Por infelicidade, a cultura contemporânea não dispõe de recursos semelhantes. Do adolescente, se espera, ao mesmo tempo, a obediência da criança e a responsabilidade do adulto. O resultado é um jovem que se perde no vazio.

O capítulo final nomeia a questão que percorre tantas indagações a respeito do vínculo fantasma, solução ilusória para aquilo que todos nós desejamos: amar e ser amados.

O simbolismo da alquimia proclama a necessidade de os opostos se unirem, dinâmica que move todo o universo. É preciso "compreender o amor como essa força primordial que engendra a união dos opostos que se chamam não por serem idênticos, e sim pelo que neles traz a diferença da semelhança". No nível simplesmente humano, no entanto, nossa cultura deixa entre parênteses a dimensão cósmica e encara os opostos como irredutíveis. Ora se perde no enevoado do chamado "amor romântico", "incutido em nossas mentes como sendo o verdadeiro amor", mas que, estranhamente, "jamais se alcança", vide Romeu e Julieta. Ora se define como realização dos desejos sexuais. Numa fórmula particularmente inspirada, Jung aponta para o equívoco: "É uma ideia tola que os homens têm. Eles acreditam que Eros seja sexo, mas está errado, Eros é relacionamento".[6]

Tão difícil, porém, a construção desses relacionamentos que hoje se encontram em cada esquina, verdadeiros manuais ou dispositivos para aprender a amar "à semelhança de outras mercadorias, que fascinam e seduzem (...) prometem desejo sem ansiedade, esforço sem suor e resultados sem esforço".[7] É o triunfo da sociedade de consumo, que nos vende soluções imediatas para desejos que nem sabíamos ter... O aparente ganho de liberdade individual se esvai em solidão, em perda de sentido, pois todo sentido é obra de uma comunidade que elaborou meios de viver no mundo.

Tatiana resume "Relacionamentos humanos estáveis precisam de comprometimento", ou seja, convivência e abertura para o outro. Mas, quando a convivência se resume a experiências passageiras com uma série infindável de "outros" permutáveis, a almejada segurança se desfaz em neurose. E o mundo humano se automutila em busca de sentido.

Ou, nas fortes palavras de Tatiana, "somos a geração de fim do mundo". Isto é, fim de nosso mundo, de nossa cultura, de nosso sistema de posse e exploração generalizadas.

Meditando sobre o término da Primeira Guerra Mundial, o poeta Paul Valéry (1919) concluía: "Nós, civilizações, agora sabemos que somos mortais", frase que hoje adorna o frontão do Museu do Homem, inaugurado em 1937, em Paris, às vésperas da Segunda Guerra.

O fim do mundo está sempre perto de acontecer, assim como a morte de cada um de nós.

Havemos de reconhecer que o universo não carece de nós. Por um estranho paradoxo, no entanto, somos parte dele e, por conseguinte, ele faz parte de nós. "Somos feitos de poeira das estrelas", a célebre frase do astrofísico Herbert Reeves, falecido em 2023, resume o fato de que as moléculas orgânicas necessárias à vida terrestre parecem ter sido formadas a partir de grãos de poeira ao redor do sol. Eis outro modo de retratar a totalidade "desse imenso organismo que também está em formação", como reflete Tatiana, remetendo ao antigo conceito de *anima mundi*.

Paradoxal e poderoso, esfera cujo centro está em toda parte, o si mesmo é evocado por meio de símbolos que remetem à imagem de Deus, arquétipo da totalidade. Nessa perspectiva, a atual perda de consciência da realidade e da responsabilidade no campo dos afetos, designada por Tatiana com *Vínculo fantasma*, seria um dos aspectos de nosso momento cultural-histórico. Nas dimensões do universo, porém, a alma do mundo permanece e diz respeito à totalidade dos seres. Tatiana quer acreditar que

PREFÁCIO

"diferente de nosso movimento atabalhoado, a Terra sabe como realizar seus fluxos e talvez possua a intencionalidade de *anima mundi* que está além de nossa compreensão". Ainda que tenhamos de assumir nossas limitações diante dos movimentos do universo, em nosso mundo terreno, temos "a possibilidade de construir relações verdadeiras e dignas com aqueles que participam da nossa jornada neste chão". Elaborar e compartilhar um "sentido da vida" acessível a todos nós. Que assim seja. Eros é relacionamento.

Monique Augras é professora titular da PUC-Rio e autora, entre outros livros, de *O ser da compreensão, O duplo e a metamorfose, Imaginário da magia: magia do imaginário* e *Que meu pai dance para você.*

Apresentação

"Preciso de uma sessão extra." Era quinta-feira, e a sessão de Ana havia acontecido na terça passada. Sabia que era sério, pois ela não era o tipo de paciente que mandava mensagem à toa.

Quando entrou no consultório, estava nitidamente abalada. Fazia quase quatro meses que tinha começado a sair com André, ambos já perto dos 30 anos. Se conheceram em um evento profissional de amigos em comum. Resolveram ficar e, dali em diante, passaram a se ver com frequência.

Tinham muitas afinidades e faziam vários programas juntos. André apresentou Ana a seus amigos mais próximos e a levou para dormir na casa em que morava com a família três vezes, numa das quais até a deixou conversando com a mãe dele durante o café da manhã enquanto pedalava.

Com o mês de julho se aproximando, decidiram reservar uma pousada no campo para passar vinte dias de férias fazendo trilhas. Ela deixou os outros flertes de lado e se dedicou ao relacionamento que estava iniciando. Mesmo feliz, um fantasma pairava sobre a cabeça de Ana: apesar da rotina de namorados, ele não a havia pedido em namoro. Tratamos do assunto com cuidado e por diversos ângulos, imaginando que talvez ela devesse se concentrar mais no que era demonstrado do que exatamente em um pedido formal.

Eis que, naquela quinta-feira, André havia telefonado para desmarcar o programa que tinham combinado no fim de semana e dizer que não voltariam a sair, pois ele havia decidido voltar com a ex-namorada, com quem vinha conversando a respeito.

Quando Ana demonstrou surpresa, pois ele nunca tinha falado de uma ex, e exigiu ao menos que tivessem uma conversa, André reagiu indignado, dizendo: "Mas nós não tínhamos nada, não tenho que te dar satisfação de coisa alguma, acho que você tem que levar isso para a sua terapia."

Ela levou. E até hoje aquele "não tínhamos nada" ecoa na minha memória. Isso fez com que ela, uma mulher com inúmeras qualidades, se sentisse reduzida a nada, não era um ser humano, era um nada. Ana, como muitas outras pessoas, teve que lidar com medos e inseguranças que, no caso dela, não vinham sendo assunto antes. Passou a ser literalmente assombrada.

Gostaria muito de dizer que foi o único caso que tratei com essas características, mas a verdade é que foi o primeiro de muitos que se acumularam de forma crescente. A prova é que estou escrevendo este livro e você, lendo.

Quando não há consciência de que vivemos um mito, ou nem sequer sabemos o que verdadeiramente é um mito, somos então vividos por ele.

Quando compreendi essa verdade não apenas como conceito, mas como força viva sentida nos ossos, meu olhar tornou-se mais apurado para perceber as manifestações de velhos mitos em novas roupas e os seus rastros. Foi dessa forma, escutando pacientes, que me deparei com o arquétipo do *puer aeternus* – ou a eterna criança – como o artífice de um padrão de comportamento disfuncional nos relacionamentos afetivos atuais que vem se alastrando de forma alarmante. Não sabia como nomear o que se apresentava de modo cada vez mais intenso, nítido e dramático no meu consultório e no de meus alunos. Foi então que senti a necessidade de delinear o que nomeei de "vínculo fantasma": quando, na vida real, duas pessoas começam uma relação de crescente intimidade e convívio, com investimentos e atitudes concretas de ambas as partes, que caracterizam o estabelecimento de um compromisso, explícito ou implícito, e, sem explicação, um dos envolvidos abandona o relacionamento de forma sumária, afirmando que nada foi relevante, ou dando indícios disso, deixando a outra parte, via de regra, abalada e confusa diante dos fatos e, não raro, com sequelas psicológicas profundas. Por outro lado, aquele que vai embora, caso tenha alguma consciência, pode sofrer imensos danos por causa do padrão ao qual está preso, como uma maldição da qual não consegue se livrar. Em resumo, o vínculo fantasma é o fenômeno de reduzir relacionamentos e vínculos a meras vivências pueris.

APRESENTAÇÃO

O que antes tinha apenas uso no círculo técnico das nossas supervisões no Centro Junguiando, transformou-se em *post*, depois em curso aberto ao público, cuja receptividade foi maior que o esperado.

Agora, há este livro, uma missão que se impôs pela força da necessidade e passou à frente de muitos outros projetos. Fiquei surpresa com o número de pessoas que disseram viver ou ter vivido a situação, em ambas as polaridades. Elas estão em busca de alguma orientação a respeito de como tratar as feridas abertas pela epidemia psicológica que está corroendo, em grande escala, a mais misteriosa, sublime e vital das habilidades humanas: a capacidade de cultivar vínculos verdadeiros e profundos o suficiente para plantar e colher amor. A tarefa urge quando tudo ainda causa algum desconforto, alguma estranheza, quando ainda estamos sensíveis a um chamado à reflexão franca, sem a qual, em pouco tempo, os comportamentos podem se tornar oficialmente disfuncionais.

É dessa forma que me lanço à tarefa de partilhar o que descobri enquanto lavrava o campo da psique com as valiosas ferramentas que adquiri durante 35 anos de estudos dedicados à Psicologia Analítica de Carl Gustav Jung. Uma história que teve início em minha adolescência, anos antes de entrar para a faculdade de Psicologia. Qualquer profissional com um pouco de honestidade e clareza tem consciência de que, por mais que se apoie em afirmativas científicas para justificar sua linha de atuação no exercício da psicologia, a preferência será originalmente comandada segundo suas profundas inclinações pessoais de abraçar determinado paradigma que lhe pareça confiável e seguro para servir de base à sua compreensão de mundo, e que se estenda ao seu direcionamento profissional e à vida. Comigo não foi, e não é, diferente.

É importante situar Jung entre os pensadores da psique que não adotavam o paradigma materialista como parâmetro confiável para compreendê-la. Obviamente, nunca deixou de considerar aquilo que em nós corresponde a fatores biológicos, ambientais, culturais e sociais, porém sua visão não se reduzia a eles. Jung não via a vida como fruto de um acaso; para ele, a existência humana possui sentido, finalidade e propósito. Descobrir esse propósito faz parte do que nomeou "processo de individuação". A falta de propósito ou da crença em um, seria a causa de muitos sintomas neuróticos da atualidade, assim como a desconexão com o inconsciente pessoal e, principalmente, com o inconsciente coletivo, que nos faz perceber que fazemos parte de um conjunto regido pelas mesmas forças ancestrais, que, apesar de sermos certamente únicos, somos também "um com o todo". Posso dizer com alguma convicção que a descrença no propósito da vida e a falta de conexão profunda estão na gênese da manifestação negativa do *puer aeternus* e, consequentemente, do vínculo fantasma.

Quanto mais ignoramos a força, e até mesmo a existência dessa psique ancestral, mais avançamos em um dos velhos caminhos gastos e de fim previsível, embalados pela ilusão de sermos absolutamente originais e conscientes de nossas escolhas, como as crianças hipnotizadas que seguiram alegremente o ardiloso caçador de ratos de Hamelin,[1] levados pela melodia de sua flauta e pelas roupas coloridas até sumirem atrás da montanha dando adeus às suas vidas, pois o *puer* caminha, sem saber, em direção ao que mais teme.

Talvez essa seja a melhor imagem para simbolizar a epidemia de imaturidade nos relacionamentos amorosos que cresce diante de nossos olhos. Compreender como, e para que, esse arquétipo imemorial encontrou campo aberto, e propício, para se alastrar nesse momento é o objetivo destas páginas. Uma tarefa delicada, pois, da mesma forma que analisar uma disfunção cardíaca não faz compreender o caso clínico de cada paciente que a possui, assim também acontece com os fenômenos psicológicos. Um ser humano nunca se reduz a um sintoma, mas sintomas precisam ser estudados. Por mais difícil que seja, precisamos observá-los em suspenso para analisar seus aspectos gerais, coletivos e arquetípicos, para depois voltarmos a enxergar com mais clareza aquilo que realmente importa: os seres únicos que se colocam diante de nós.

1
Vínculo fantasma

Chego ao consultório pela manhã, saio do elevador e Flávia já está lá, sentada no chão do corredor. Pela primeira vez a vejo sem maquiagem, com um moletom amarrado torto sobre os ombros, usando algo que lembra um pijama. Do coque improvisado no topo da cabeça caem mechas desordenadas na testa, enquanto digita furiosamente mensagens que apaga logo em seguida. Estendo o braço para ajudá-la a se levantar e, quando ela ergue a cabeça, os olhos vermelhos denunciam lágrimas recentes, algumas de raiva, outras de decepção e lamento.

Enquanto faço o café, ela começa a contar o que aconteceu. Fernando simplesmente escreveu dizendo que precisava de um tempo e, sem dizer mais nada ou responder às mensagens, desapareceu da vida dela e do Pingo, um cachorrinho que adotaram havia duas semanas. Então, Flávia fica sabendo por amigos que ele segue a rotina normal, sem nenhuma mudança extraordinária, e, confusa, ela afirma: "talvez tenha feito ou dito algo errado sem perceber", "deve ter algo que eu possa fazer". Escuto com atenção, respiro fundo e percebo que pouco ou nada pode ser feito, porque, para ele, não existia relacionamento.

Pensando nos inúmeros casos como o de Ana e Flávia, somos pegos de surpresa, porque costumamos contar com certos marcadores não verbais.

Não se trata de documentos oficiais, são acordos subentendidos, baseados em compreensões coletivas em um determinado contexto. Esses códigos tácitos de conduta são essenciais para orientar as relações sociais. Embora tenham algum grau de transformação, ocorrem de forma gradual, como a volta de Plutão em torno do Sol. É um movimento orgânico. A sua desconstrução repentina e arbitrária assume um nível de imposição artificial que gera caos e desorientação, como se o chão sumisse sob os pés, como se dormíssemos na Terra e acordássemos em Marte. É comparável a um vírus ou uma bactéria que, de forma repentina, se alastra e desordena o funcionamento do organismo, provocando sintomas e comorbidades. Tudo se torna disfuncional, e o disfuncional passa a ser a nova regra.

Para Ana, como para muitas outras pessoas, os sinais levavam a crer que algo de real e consistente estava começando a ser construído com André. É claro que histórias acabam, temos o direito de não as levar adiante pelo motivo que for, não é disso que se trata. Os códigos orgânicos nos permitem saber que tipo de relacionamento estamos terminando, flerte, casual, namoro, casamento, mas há o reconhecimento de ter sido parte da vida de alguém em uma determinada profundidade, que deve ser honrada mesmo para ser rompida.

Finalizações claras, mesmo que não sejam consensuais e bem recebidas, são essenciais para auxiliar a reconstrução emocional de alguém que se sente devastado em alguma medida, pois, ainda que negativo, há um material relacional legítimo a ser trabalhado.

Mas o que dizer a elas? O que foi terminado, afinal? Elas acreditaram que havia algum envolvimento, mas eis que no caso de Ana, André a *situa* dizendo que "não tinham nada" e, de quebra, ainda a aconselha a se tratar, insinuando que era algum tipo de ideia delirante achar que os dois "tinham algo". Fernando não falou nada para Flávia, mas seus atos indicam que pensava do mesmo jeito.

O fato de ter se dedicado a alguém e descobrir que "não era nada" provoca um vazio cruel, pois o que é valor passa a ser insignificante. E se era "nada" o que tinham, o que seria "ter alguma coisa" então? Com frequência, após uma experiência dessa natureza, a pessoa passa a desconfiar de tudo e de todos; o que antes configurava um sinal norteador, agora passava a não significar nada.

A reação pode ser desde o retraimento depressivo até o comportamento compulsivo e destrutivo, em menor ou maior grau. É possível que, como

VÍNCULO FANTASMA

defesa, a vítima se torne predadora, reproduzindo os mesmos comportamentos que a fizeram sofrer. Assim, algo vai se transformando e se perpetuando como uma contaminação psicológica, que lembra as histórias de vampiros e zumbis que ressurgiram com força de algumas décadas para cá. Nos casos em que a psique tem uma estrutura mais estável, mesmo que demore, a pessoa consegue se refazer das avarias preservando seus princípios. Mas a desconfiança não vai sumir facilmente.

É importante enfatizar que, para que o vínculo fantasma se estabeleça, é necessário que haja expectativas diferentes de uma das partes envolvidas, que deseja um relacionamento mais consistente, enquanto o outro, sabendo disso explicita ou implicitamente, mantém a situação até o ponto que convém, enviando sinais bastante nítidos de que o relacionamento está evoluindo para um compromisso.

A durabilidade da situação muitas vezes é ditada pelo tempo que levar a necessidade de uma conversa mais profunda a respeito do suposto relacionamento. É uma das "deixas" para ir embora. A outra é quando há a necessidade de se fazer presente em algum momento de dificuldade pelo qual a pessoa esteja passando. Nesse momento, o fantasma desmaterializa, oferecendo explicações, quando muito, insustentáveis, baseadas em algum livro pseudoprofundo a respeito das relações humanas na atualidade.

Companheirismo e compromisso estão para o fantasma como a água benta para o vampiro. É verdade que muitas pessoas que se reconhecem como vítimas de vínculos fantasmas, na verdade supervalorizaram o que foi vivido e não aceitam o rompimento, responsabilizando o outro. Mas eis aqui um ponto delicado com o qual há de se ter cuidado, pois colocar tudo nessa conta é um dos maiores subterfúgios de um fantasma.

Para um fantasma, os momentos de prazer ininterrupto não se resumem apenas a sexo, e sim a qualquer vantagem que gere conforto e satisfação em alguma instância, principalmente emocional. Sexo casual e esporádico não configura vínculo fantasma, pois ambas as partes se equiparam em relação às expectativas, ou à falta de expectativas: nem um nem outro quer oferecer nada, apenas retirar, é um uso mútuo.

Por incrível que pareça, para um fantasma legítimo, isso é muito pouco, não é interessante. Ele está preocupado em receber, em garantir que alguém irá suprir as suas necessidades afetivas e sustentar as suas projeções. Por isso, a vítima é sempre doadora nesse tipo de relacionamento, que, em algum momento, começará a dar sinais de perda de vitalidade, pois o fantasma vai oferecer o mínimo ou quase nada, mas vai querer garantir o recebimento.

Na psicopatia clássica há posse e obsessão, o sujeito psicopata se agarra à vítima, não quer deixá-la partir. Já o fantasma não liga de fato para seu objeto de desejo, não se importa de perdê-lo, até porque o encanto desaparece facilmente quando algo não vai bem; como ele busca a magia, sabe que só ressurgirá em uma nova projeção. A característica do fantasma é, portanto, não manter. Também não costuma se importar tanto em ser deixado: lida com o orgulho ferido se tem traços narcisistas, ou com a condenação à repetição se tem traços neuróticos.

É importante dizer que nem todo fantasma deve receber o diagnóstico apressado de narcisista ou psicopata. Mas, na maioria dos casos, ele raramente sofre com a perda de alguém. As pessoas com quem se relaciona são, antes de tudo, circunstâncias; não as considera conquistas nem algo a ser mantido, não são troféus.

O vínculo fantasma será mantido pelo fantasma enquanto for possível vivenciar suas projeções em determinado relacionamento, enquanto oferecer uma fuga da realidade, enquanto for divertido, prazeroso, interessante, descomplicado. Geralmente são essas as características presentes no início dos relacionamentos. Nesse momento, as pessoas não manifestam o lado chato e sofrido da vida, pelo contrário, há a intenção de manter e preservar o momento idílico. Querem parecer belas e interessantes, e isso o fantasma consegue fazer muito bem. Mas, a partir do momento em que, por algum motivo, a pessoa começa a se tornar muito real, ele passa a rejeitá-la, e retira sem aviso o investimento que havia na relação. A pessoa fica desnorteada, sem saber o que aconteceu.

Todos já devem ter observado crianças brincando. Algumas passam horas a fio com um amigo arrumando a brincadeira, a pista de corrida, a fazendinha, a casa de bonecas, planejam e constroem as instalações com zelo, da parede ao figurino. Porém, quando está tudo pronto e o amigo quer começar a brincar, ela se retira, pois perdeu a graça. A criança que ficou se sente desamparada, fica atrás da outra perguntando por que não quer mais brincar, "Será que fiz algo errado?" Oferece o seu boneco, faz de tudo para que a outra volte, mas ela não vai voltar.[1]

Essa é uma das melhores analogias para falar da imaturidade de fundo do fantasma, que o torna um *puer* fantasma. Ele entra em relacionamentos dessa forma, brincando de arrumar uma vida real, mas na hora de assumir e começar a atuar, ele corre. Acredita que é uma atitude correta, que é capaz de viver sem de fato se entregar à vida a ser vivida.

VIRTUAL *VERSUS* VIRTUOSO

O vínculo fantasma não é algo novo que surgiu com o advento da internet e das redes sociais. De fato, é milenar. Porém, foi certamente normatizado e impulsionado pelas experiências afetivas intermediadas pelas redes sociais e pelos aplicativos de relacionamento, ou melhor, de "não relacionamento". Antes, os vínculos inconsistentes eram notados, mas nem sequer mereciam atenção por não se diferenciarem com tanta nitidez de outros transtornos como está acontecendo agora. A quantidade de ocorrências fez com que saltassem na nossa frente com contornos nítidos, merecendo, portanto, atenção.

Quando apresento o tema "vínculo fantasma", é comum que o associem ao *ghosting*, termo que surgiu para nomear um comportamento que se disseminou graças ao advento dos aplicativos de relacionamento. Ocorre quando, em meio a uma conversa virtual, um dos participantes demonstra, ou parece demonstrar, interesse em conhecer melhor o outro, e então simplesmente para de responder e some. Quem pratica o *ghosting* entende como prerrogativa positiva de tais aplicativos a possibilidade de não considerar as pessoas como pessoas. Como se houvesse uma cláusula nos seus termos de uso em que, ao se cadastrar, renuncia-se aos direitos e deveres morais de tratar os participantes como seres humanos. Como se o fato de não ficar frente a frente com alguém – ao contrário do que acontece na faculdade, no trabalho, na academia – autorizasse uma das partes a lidar com a outra apenas como um produto. Como se o procedimento estivesse embasado pelo Código de Defesa do Consumidor, que prevê a devolução da compra pela internet no prazo de sete dias sem a necessidade de justificativa, mesmo que o pacote já tenha sido aberto e o produto já tenha sido usado. Já dizia Baumann:

> Elas são "relações virtuais". Ao contrário dos relacionamentos antiquados (para não falar daqueles com "compromisso", muito menos dos compromissos de longo prazo), elas parecem feitas sob medida para o líquido cenário da vida moderna, em que se espera e se deseja que as "possibilidades românticas" (e não apenas românticas) surjam e desapareçam numa velocidade crescente e em volume cada vez maior, aniquilando-se mutuamente e tentando impor aos gritos a promessa de "ser a mais satisfatória e a mais completa". Diferentemente dos "relacionamentos reais", é fácil entrar e sair dos "relacionamentos virtuais". Em comparação com a "coisa autêntica", pesada, lenta e confusa, eles parecem inteligentes e limpos, fáceis de usar, compreender e manusear.[2]

Em um ambiente virtual, não há a necessidade de ser virtuoso. Qualquer um pode fazer o outro desaparecer como mágica, pois, em última instância, ele nunca esteve ali. A realidade virtual, ao contrário do que poderíamos supor, não é uma extensão da realidade; o virtual se transformou em uma instância de realidade tão válida, e validada, quanto a concreta, com leis próprias de um universo paralelo para onde as pessoas se mudam quando as coisas parecem difíceis e reais demais.

Mas eis que o virtual também apresenta as suas imperfeições, e as pessoas ficam carentes de contato humano. Então, migra-se para o real como se fosse uma versão do virtual. As pessoas se engajam em algum tipo de relação com contato presencial síncrono, mas parece que, nessa modalidade invertida, os seres humanos vêm equipados com um botão de *delete*, que pode ser apertado a qualquer momento quando já se tiver vivido experiências suficientes, como um avatar em uma rodada do jogo The Sims. Imaginam, ou se esforçam para crer, que de fato o que engendram são relacionamentos verdadeiros, quando não passam de meras simulações.

VÍNCULO FANTASMA

Muitas pessoas sonham que têm membros de plástico ou corações de plástico, ou que são bonecas, ou que estão apaixonadas por bonecas. Vivem em corpos simulados, num mundo simulado. Não existe nada, enfim, exceto o que elas mesmas houverem inventado, e têm de continuar inventando porque a ausência seria arrasadora. A invenção, a simulação, está satisfazendo necessidades reais; a boneca substitui a companheira de verdade. Mas livrar-se da boneca significa que não existe nenhuma companheira. Quantos romances você conhece que são pura simulação? Mesmo assim, para os que estão "amando", são a própria existência, porque os enamorados são muito carentes.[3]

Ambos os fenômenos comportamentais, *ghosting* e vínculo fantasma, têm origem psicológica similar, porém o vínculo fantasma é mais grave, pois a pessoa de fato avança para o engajamento efetivo, não apenas virtual, e que tende a durar um tempo maior, podendo ficar anos sem que haja consistência na relação.

QUANDO MIL GESTOS NÃO DIZEM MAIS QUE UMA PALAVRA

Uma das marcas registradas do vínculo fantasma é a desconexão entre pensamento, atos e palavras e, nessa desconstrução, o ilusionista faz seus truques.

O convívio humano é baseado em códigos e paradigmas que alicerçam a vida e servem de parâmetros para o dia a dia. Em algum momento da nossa história em sociedade, um desses códigos de valor incontestável era a palavra empenhada, sinalizando compromisso e garantia de que os atos estariam de acordo com "a palavra", ou seja, o que foi dito. Palavras e atos eram praticamente a mesma coisa. Não ser reconhecido como pessoa de palavra era uma das piores desonras que alguém poderia carregar. Porém, esse tempo ficou para trás. Palavra, honra e atitude passaram a pertencer a categorias esquizofrenicamente separadas. Se considerarmos que, originalmente, "palavra" tem o mesmo significado de *logos*, o verbo criador, conseguimos compreender como ela passa de atributo sagrado máximo, o próprio *pneuma*, a algo que o vento leva, que não garante nada, muito menos honra, coisa que hoje ninguém sabe muito bem o que é. Aprendemos que, segundo os parâmetros dos nossos códigos atuais de conduta, não podemos confiar em palavra empenhada. A única palavra válida é a escrita, pois torna-se objeto. Creio que poucos discordariam disso e arriscariam vender um apartamento "de boca" sem lavrar o documento em cartório. Fato é que sobraram os atos como parâmetro de valor, afinal "um ato diz mais que mil palavras". Só que não. Eis o momento em que a terra firme passa a se assemelhar à areia movediça.

No vínculo fantasma, os atos são esvaziados, e a palavra, de forma espantosa, é investida do manto de uma "nova" veracidade; é um manto muito estranho e de péssimo corte, diga-se de passagem, pois o poder da "não palavra" é esvaziar o ato. O não nomear virou artifício para garantir a falta de qualquer tipo de compromisso implícito pelos rumos cotidianos da relação, ou pretensa relação. O não falar nada *respaldou* a atitude de André.

Algumas pessoas podem pensar ingenuamente que o grande erro de André foi não ter falado nada, porque, se ele falasse a que veio, ou melhor, a que não veio, e Ana aceitasse continuar com seja lá o que tivessem, estaria tudo bem, pois ambos são adultos. Porém, antes de escolher esse pensamento simplista que pode gerar muito conforto para os "Andrés" da vida, convido o leitor a revisitar um clássico da literatura mundial, *O morro dos ventos uivantes*, da escritora inglesa Emily Brontë, publicado pela primeira vez em 1847. Nessa obra-prima, entre os protagonistas quero destacar o jovem Heathcliff.

O personagem é citado por Jung no primeiro capítulo de *O homem e seus símbolos* como um dos exemplos do *animus* negativo, e a menção não foi feita à toa. Heathcliff teve , efetivamente, uma infância e uma juventude muito difíceis. Mas o homem terrível em que se tornou faz pensar se sua história dolorosa justifica a devastação que proporcionou. Apaixonado por Catherine desde a infância, Heathcliff vê o desejo de se unir a ela frustrado por inúmeros revezes e uma quase insuperável diferença de classes, de modo que ela, mesmo correspondendo em boa medida aos sentimentos dele, escolhe se casar com Edgar, que tem uma irmã muito querida, a ingênua Isabella. Heathcliff então seduz Isabella e se casa com ela apenas para entrar na família e provocar discórdia. Um dos trechos mais icônicos da obra é o momento em que ele, diante de Nelly, a governanta narradora da história, e da própria Isabella, acusa a esposa pelo próprio infortúnio, pois, mesmo antes de se casarem, ele havia "deixado claras as suas intenções".

> Posso acreditar no que afirmou, Isabella? Tem certeza de que me odeia? Se eu a deixar sozinha meio dia, não me virá receber com suspiros e carinhos? Quero crer que, pelo gosto de minha mulher, eu teria fingido ternura na sua frente, Nelly. Fere-lhe a vaidade ver a verdade posta a nu. Mas não me importo que saibam que a paixão existia de um lado só; nunca lhe menti a esse respeito. Ela não me pode acusar de haver demonstrado o mínimo sinal de afeto enganoso. A primeira coisa que me viu fazer, quando saímos de Thrushcross Grange, foi enforcar-lhe a cachorrinha; e quando intercedeu por ela, as primeiras palavras que ouviu de minha boca foram estas: "O meu desejo era enforcar também todos os seus, exceto uma única pessoa." Talvez cuidasse ela em aplicar a si essa exceção. Mas não havia, então, brutalidade capaz de a desgostar. Suponho que ela tem uma admiração inata pelo que é brutal, uma vez que a sua preciosa pessoa esteja a salvo. Mas não chega a ser o auge do absurdo, não é sandice legítima esta coitada, sórdida, estúpida criatura cuidar que eu a amasse?[4]

Segundo a lógica perversa de Heathcliff ninguém poderia acusá-lo por não ser sincero, e, afinal de contas, Isabella já tinha 18 anos e "sabia" o que estava fazendo. Se ela ainda assim foi estúpida o suficiente para aceitar se casar, era porque gostava de sofrer e logo devia ser tão má quanto ele, que só a estava tratando da forma que merecia e até mesmo desejava. Certamente, o fato de Isabella ter se sentido atraída por um tipo como esse merece uma boa análise psicológica, porém, não abona ou ameniza de forma alguma o comportamento perverso de Heathcliff.

Jung cita um caso que o deixou perplexo.[5] Certa vez, um jovem de 28 anos foi procurá-lo queixando-se de que, apesar de já ter entendido racionalmente tudo a respeito da estrutura de sua neurose após uma análise freudiana, não conseguia se livrar dos sintomas compulsivos. Havia até escrito um manuscrito de 140 páginas a respeito de seu caso e o mostrou a Jung que, ao ler, admitiu que tudo ali parecia estar coerente e poderia até ser publicado, e que também não conseguia compreender por que o rapaz não estava curado. Mas atentou para o detalhe de que, nas páginas, ele não dizia de onde viera nem quem eram os pais, assim como também não mencionava de onde vinha o dinheiro de seu sustento, já que parecia abastado, podendo passar o inverno na Riviera e o verão em Biarritz. Quando arguiu o rapaz, perguntou se trabalhava, se era herdeiro ou se tinha negócios, e a resposta foi negativa para tudo, afirmando que não levava "jeito para fazer fortuna". E anunciou, sem sinais de remorso, que quem lhe dava dinheiro era uma simples professora primária de 36 anos, com salário modesto, mas que o entregava quase inteiro ao jovem por quem se apaixonara, passando ela mesma por privações.

O que eu lhe disse foi o seguinte:

"E você vem me perguntar por que está doente..."

E sua resposta foi essa:

"Ora, o senhor tem uma posição moralista; isto não é nada científico."

Respondi-lhe:

"O dinheiro que está em seu bolso é o dinheiro da mulher que você está tapeando."

Ele reagiu:

"Não. Não concordamos sobre isso. Conversei com ela seriamente, e nunca houve uma discussão por eu receber dinheiro."

VÍNCULO FANTASMA

Respondi:

"Você está fingindo para si mesmo que esse dinheiro não é dela, mas vive com esse dinheiro, o que é imoral, e essa é a causa de sua neurose de compulsão. Trata-se de uma reação compensatória e de uma punição a uma atitude imoral."

Um ponto de vista totalmente anticientífico, é evidente, mas estou convencido de que ele merece a sua neurose compulsiva e será a sua companheira até o último dia de sua vida. Se ele continuar a comportar-se como um porco.

Dr. T.A. Ross: "Mas isso não apareceu na análise?"

C.G. Jung: Ele se afastou como um deus a pensar: "Dr. Jung não passa de um moralista, jamais foi um cientista. Qualquer pessoa ficaria atraída por um caso tão interessante ao invés de ficar procurando coisinhas." O homem comete um crime, rouba todas as economias de toda uma vida de uma mulher honesta só para poder divertir-se. O lugar desse fulano seria a cadeia, e a sua neurose compulsiva providencia-lhe isso.

Espero que percebam que ser sincero não faz de Heathcliff nem de ninguém uma pessoa correta, e tampouco é o suficiente para acusar a vítima pelo próprio sofrimento isentando-se das responsabilidades emocionais, morais e éticas perante outro ser humano. É digno de nota que, ao acusar Jung de moralista, o rapaz lançou mão de um dos maiores trunfos usados por pessoas como ele: relegar qualquer clamor de moralidade à condição de mero moralismo.

Quando falamos de relacionamento humano, algo que não deve faltar é atribuir ao outro o *status* de humano, sem negar os cuidados e as responsabilidades que se deve ter diante de um ente que sente. Então, para começar, relacionamentos que não são "humanizados" não merecem o status de relacionamento, mesmo que aparentem muita civilidade. Relacionar-se exige conexão.

Mas não posso encerrar a narrativa sobre o significado – ou a falta de – das palavras nas relações afetivas sem fazer uma reflexão a respeito do termo "ficar" que, a meu ver, é extremamente pertinente como síntese do que estamos falando. Na língua portuguesa, o sinônimo de "ficar" é "permanecer". Em qualquer dicionário, mesmo na internet, vamos encontrar mais de 25 significados e sinônimos de "ficar", todos com caráter de permanência ou de algo que antes era volátil e se estabilizou. Eis que, justo na linguagem amorosa, "ficar" passou a ser sinônimo do oposto, daquilo que é passageiro, que não permanece.

Esse uso paradoxal aparentemente inocente cria dissonância cognitiva, uma grande confusão na cabeça de quem hoje aprende que "ficar" significa não ter compromisso, não se responsabilizar por amanhã, "ficar" é "ir embora". Isso já nos diz muito. É um exemplo na vida real do "duplipensar" trazido por George Orwell em seu icônico romance *1984*, segundo o qual, em um futuro distópico, as pessoas são levadas a acreditar que conceitos contrários ao significado original das palavras são os verdadeiros dependendo do contexto. A própria obra de Orwell foi ironicamente vítima desse efeito, visto que o *Big Brother*, de agente perseguidor que tudo via, passou a nomear um *reality show* de um grupo de pessoas cuja rotina é vigiada dentro de uma casa.

Quando os atos geram tamanha desconfiança, recorremos, paradoxalmente, à palavra, que nesse contexto parece se tornar oposto complementar aos atos e, como tal, assume a difícil tarefa de reequilibrar a situação. A palavra, antes esvaziada, é reinvestida como garantia, pelo menos no que diz respeito aos relacionamentos amorosos. Torna-se literalmente exigência e necessidade dizer a que veio, ou a que não veio, e, até mesmo, se veio!

Talvez ninguém tenha descrito melhor o vínculo fantasma do que o poeta Cazuza com a canção "Estória romântica".

O teu amor é uma mentira
Que a minha vaidade quer
E o meu, poesia de cego
Você não pode ver

O nosso amor a gente inventa
Pra se distrair
E quando acaba a gente pensa
Que ele nunca existiu[6]

COMO CHEGAMOS A ESSE PONTO

Antes de tudo, é importante dizer que não chegamos aqui por um passe de mágica. Foi um processo que ocorreu de forma crescente e seus rastros nem sempre foram tão sutis.

Quando se fala em transformações do comportamento humano, temos que ter a sagacidade de saber que o caminho da evolução é o mesmo do declínio. O ponto de equilíbrio, o caminho do meio, como ensinava Sidarta Gautama, o Buda, parece sempre estar encoberto por mato e neblina, de modo que quase sempre passamos reto, sem vê-lo. Em seguida, já estamos a caminho do outro polo na ilusão de rumarmos ao equilíbrio, enquanto na outra ponta nos aguarda a mais inútil compensação.

Esse fenômeno é válido tanto para a psicologia do indivíduo como para a psicologia do coletivo, que arrasta os pseudoindivíduos em manadas. Por esse motivo, talvez o subtítulo correto fosse "Como passamos do ponto". Talvez até tivéssemos em mãos algumas novas receitas para testar, porém, como qualquer pessoa que cozinha sabe, de nada adianta uma boa receita se deixamos que queime. O ponto é o segredo dos sábios.

Há pouco tempo, na virada do século XX para o XXI, a humanidade iniciou o processo vertiginoso de transmutação e dissolução que está em pleno curso, e do qual fazemos parte. Talvez, devido ao nosso pensamento autocentrado e imediatista, alguns considerem que cento e tantos anos é muito tempo, mas, em termos de história da humanidade, não é. Por milhares e milhares de anos, o desenrolar dos dramas da vida inteira de uma pessoa acontecia dentro de um mesmo mundo bem conhecido de estilo de vida, tecnologia e normas morais, duvidosas ou não, com pouquíssimas mudanças que de fato refletiam no *modus vivendi* reproduzido por gerações.

Algumas populações tinham as vidas atravessadas radicalmente por guerras, epidemias, desastres naturais e revoluções, provocando, claro, mudança e transformações. Porém, ainda assim, sobrevivemos e evoluímos ao longo de milhares de anos graças à energia advinda da dádiva de Prometeu,[7] preparando alimentos em fogões à lenha e iluminando as noites com tochas rústicas ou refinadas lamparinas. Sempre o fogo, que cozia, iluminava, aquecia, derretia metais nas forjas e endurecia porcelanas. Tudo era local, não existia o global como experiência consciente; as expansões mais ousadas aconteciam conforme nos tornávamos capazes de compreender alguns dos mistérios da água de rios, mares e oceanos, nos conectando aos poucos ao nos tornarmos completamente outro através dela.

Até que descobrimos a força do vapor, que, na linguagem alquímica, é o filho do casamento do fogo com a água, que nasce dotado de irresistível impulso de expansão e que, para realizar seu destino, reúne grande quantidade de energia para se lançar ao ar! Energia capaz de movimentar fábricas, barcos e locomotivas, que produziram e viajaram em uma velocidade nunca vista antes. Eis o início do término da possibilidade de morrer no mesmo mundo em que havíamos nascido. A transição do vapor elevou nossa água da terra para o ar, para a velocidade e expansão, e para o temperamento dos ventos.

É como se a humanidade tivesse entrado, sem saber, em uma montanha-russa, que de início sobe rumo ao primeiro cume e, ao acender da primeira lâmpada de Thomas Edison, ahhhh, precipita-se a toda velocidade de uma altura vertiginosa aos berros, num misto de desespero e excitação, alguns rindo, curtindo a adrenalina, outros chorando, implorando pelo fim; todos sem a menor condição de ver a paisagem. A notícia que tenho para dar é que estamos ainda no primeiro *looping*, de cabeça para baixo, olhando o mundo às avessas, sem entender se quem está ao contrário somos nós ou o mundo e se, de fato, o mundo não somos nós. E seguimos orando, cada um para a divindade de sua devoção: Deus ou o Acaso, para que os cintos de segurança realmente funcionem. Mas a verdade mesmo é que volta e meia alguém cai, pois as novas tecnologias precisam ser testadas, as garantias de boa manutenção são poucas, embora o marketing do parque afirme que tudo é moderno e seguro. Com sorte,

VÍNCULO FANTASMA

algumas pessoas conseguem se perguntar: "O que é que estou fazendo aqui?" Essa é a minha deixa.

Não sou saudosista, gosto muito de viver em um mundo com geladeira, antibióticos, aviões, internet, redes sociais, ressonância magnética e ar-condicionado – esse último um item de sobrevivência devido ao aquecimento global. Mas não dá para, irrefletidamente, acreditar que tudo o que é atual é a melhor versão. E, talvez, o problema verdadeiro não seja a evolução tecnológica, mas sim a pouca evolução da alma humana que a utiliza. Transformações tecnológicas e psicológicas são inevitáveis e necessárias, pois o mundo como o experenciamos é a impermanência *per se*. Mas nem sempre as mudanças mais recentes são sinônimo de evolução, por isso a arte reside em refletir mais do que julgar. Afinal de contas, tantas mudanças em tão pouco tempo é algo sem precedente para a humanidade.

Lembro que na primeira infância ganhava discos de vinil coloridos; na segunda, alugava VHS para assistir aos filmes e musicais preferidos na hora em que quisesse; na adolescência, comprava os reluzentes CDs das minhas bandas preferidas. Logo depois, o iPod acenou como a melhor opção, milhares de músicas em um quadradinho, que em muito pouco tempo se tornou obsoleto com a possibilidade de ouvir música no smartphone. Foi quando convenci meu marido de que deveríamos doar todos os vinis e o toca-discos. Hoje, escuto música de uma plataforma por assinatura, na versão paga, para evitar ser invadida por propagandas medonhas entre uma música e outra na versão gratuita, criando uma experiência bem pior que a TV aberta dos anos 1980. Por fim, nossa aquisição mais recente foi um toca-discos de vinil, com entrada USB. E, atualmente, corremos atrás das lojas de vinis raros. Mas não cancelei a assinatura da plataforma, porém com a certeza de que não é a melhor experiência para ouvir música. Na verdade, tampouco o toca-discos de vinil é, pois todas são ecos da "experiência direta" de escutar música clássica em uma sala de concerto, executada por um quarteto de cordas, por exemplo; ou jazz e rock em uma casa de shows ou estádio. E é por isso que continuamos lotando salas, casas de show e estádios, porque a experiência direta é a portadora do numem[8] por excelência.

Voltando aos relacionamentos amorosos, se sentarmos para conversar com nossos avós e bisavós, escutaremos depoimentos vívidos de um tempo bastante recente, em que, para iniciar um relacionamento íntimo com alguém de valor, seja lá o que isso significasse exatamente, era necessário assumir compromissos, e estava implícito o "estar junto" em todos os momentos, bons ou ruins. Não que funcionasse exatamente assim, mas as cláusulas do contrato proporcionavam relativa segurança, pois, na pior das hipóteses, havia um acordo a reivindicar. Por outro lado, poderia se assemelhar a uma relativa prisão, pois tudo que faz luz de um lado traz sombra (lembrem-se sempre disso) do outro. Alguns se separavam, é verdade, mas eram malvistos.

No espaço de uma vida apenas, a necessidade de assumir responsabilidades afetivas foi flexibilizada ao extremo em uma velocidade inimaginável por nossas testemunhas vivas. Hoje, qualquer um consegue iniciar um relacionamento íntimo, sexual e imediato com um indivíduo valoroso, participar de sua vida privada em profundidade, sem que haja indício de comprometimento. Portanto, há a prerrogativa de "pular fora", sem ônus material, emocional, ético ou moral, esteja a outra parte de acordo ou não. E tudo visto sem estranhamento pelos demais. Teria sido mais fácil para os nossos avós, quiçá bisavós, prever o TikTok.

Quando dissolvemos os deveres sociais estabelecidos, só contamos com o grau de consciência de cada indivíduo, e isso esclarece muito a situação que estamos atravessando. Tamanha liberdade só faz sentido como evolução mediante um grau interior correspondente de responsabilidade e discernimento.

Reforço, não sou saudosista nem contra o rompimento de compromissos e relacionamentos amorosos já não mais sustentáveis. A dissolução é a tônica dos processos de transição da humanidade, mas admitir e aceitar tal realidade não significam reconhecê-la como positiva e tranquila. Apenas os sábios conseguem encontrar a justa medida, e essa não é exatamente uma das qualidades humanas. Coisas valiosas são gradualmente partidas e corroídas nas situações de dissolução, e, assim que viramos a esquina, sentimos falta do bebê e descobrimos que ele foi jogado fora com a água

VÍNCULO FANTASMA

do banho. Mas algo clama no âmago do ser humano, a carência afetiva, o vazio e o medo da solidão. São os impulsos mais instintivos que acionam o desejo do outro, e não estou falando de amor, mas de características instintivas básicas que vão muito além do ato sexual, especialmente o desejo de pertencimento. Queremos nos sentir supridos e seguros afetivamente, porém sem compromisso, e não sabemos como. Eis aqui a gênese de uma neurose.

Quando a psique enfrenta um conflito entre consciente e inconsciente, tem a capacidade, segundo Jung, de produzir uma solução que ele denominou "função transcendente", que não é exatamente transcendental. Trata-se da capacidade de simbolizar para transcender o conflito como via de reequilíbrio. Mas quando o recurso não funciona muito bem, em vez da transcendência ocorre o agravamento da neurose e a instalação do comportamento sintomático, compensatório, ou seja, não produz equilíbrio. Assim nasce o vínculo fantasma, do embate entre saciar a necessidade de conexão verdadeira e a repulsa pelo compromisso.

A VIDA IMITA A ARTE?

A arte, assim como os sonhos, não existe fora da vida. Logo, não há imitação, tudo diz respeito à grande vida a ser vivida nas suas mais variáveis instâncias. A arte, sendo uma delas, talvez apenas nos mostre coisas que já existem, mas que ainda não vimos.

Há muito se sabe que o artista tem a capacidade de captar as ondas que se aproximam, no inconsciente coletivo, anos antes de se tornarem conscientes para a maior parte da população. Talvez possamos dizer que o verdadeiro artista, segundo as premissas de Jung em *O espírito na arte e na ciência*,[9] além de sensível, é também intuitivo, no verdadeiro sentido do termo, quando não só repete ou remonta o que vê, mas capta da esfera do inconsciente coletivo algo ainda não visto Por esse motivo, acho pertinente citar alguns dos muitos exemplos nas artes em suas mais diversas manifestações simbólicas dos temas que subjazem a gênese do fenômeno. Além, claro, dos mitos.

Jung escreveu um artigo polêmico em 1932 simplesmente intitulado "Picasso" em que analisava o surgimento e a aceitação da obra do pintor espanhol Pablo Picasso como ápice sintomático do que circulava no inconsciente coletivo, sem que com isso pretendesse dizer qualquer coisa a respeito da psique do artista como sujeito, ou conferir algum julgamento estético. Jung considerava Picasso porta-voz de algo que se desenrolava para além do que os olhos e a razão consciente captavam, o ápice da falta de sentido, da fragmentação, da desconexão, características de uma representação esquizofrênica, lembrando que o elemento "esquizo" significa justamente "partido", "desconexo". E de fato é o que nos transmite boa parte da obra de Picasso.

Aliás, por isso mesmo, a trajetória de sua pintura é vista como a trajetória psíquica coletiva, que também ocorre de forma análoga ao indivíduo, como uma partida daquilo que ainda expressava algum sentido, para a fragmentação de uma descida desesperadora ao mundo do Hades, e por fim observa um impulso para a reconciliação entre os opostos complementares, porém ainda apresentando uma fissura.

É a culminância de uma desconstrução da forma e do sentido estritamente objetivos, com ou sem beleza, que veio sendo observada como processo algum tempo antes, com os impressionistas e expressionistas, mas que na fragmentação de Picasso deixa a crueza, a frieza da morte e a falta de sentido dolorosamente expostas. A *solutio* assombrosa e esquizoide com a qual sintomaticamente nos encantamos e nos identificamos.

Quando digo "ele", refiro-me àquela personalidade em Picasso que compartilha o destino do mundo inferior, aquele homem que, impelido pelo destino, não se dirige ao mundo da luz do dia, mas ao mundo da escuridão; aquele que não segue o ideal já reconhecido do belo e do bom, mas a força demoníaca da atração pelo feio e pelo mal. Esta vem à tona no homem moderno através de Lúcifer e do anticristo, gerando uma sensação de fim de mundo, envolvendo justamente esse mundo claro da luz do dia com as neblinas do Hades, contaminando-o com uma decomposição mortal para finalmente dissolvê-lo, como numa região de terremoto, em fragmentos, linhas de ruptura, resíduos, escombros, farrapos e destroços inorgânicos.

VÍNCULO FANTASMA

Picasso e sua exposição são sinais dos tempos, tanto quanto as vinte e oito mil pessoas que vieram contemplar esses quadros.[10]

Depois desse artigo, Jung procurou abster-se de análises da arte contemporânea tanto quanto foi possível para evitar mal-entendidos. Mas, se as obras posteriores de Picasso, segundo o psiquiatra, passaram a expressar alguma busca por reunificação de opostos complementares, creio que o mesmo não se pode dizer do rumo da arte em geral.

Como seria imprudente ser menos prudente que o próprio Jung, vou me abster de análises pormenorizadas da arte contemporânea, até por não crer que meu conhecimento sobre o assunto seja suficientemente substancial para sustentar tal empreitada. Porém, me permito refletir a respeito do fato de que algumas obras consideradas artísticas, por vezes apenas uma tela de cor única e uniforme, apontam para o desaparecimento da psique consciente tanto coletiva quanto individual, no mundo inconsciente e indiferenciado; isto é, uma *solutio* alquímica, ou simplesmente a profunda desconexão entre essas duas instâncias, consciente e inconsciente. Há de se considerar que o nada pode paradoxalmente ser o vazio ou a plenitude. Porém, levando em conta o que temos observado no comportamento humano atual, é pouco provável que estejamos falando da segunda opção.

Continuando a falar da arte em sentido abrangente, como porta-voz dos processos do inconsciente coletivo que já estão em curso, recorrerei a uma série estadunidense que estreou em 2016, embora seja inspirada em um filme homônimo de 1973, *Westworld*. A história se passa em uma cidade do velho oeste dos Estados Unidos, onde coisas muito estranhas acontecem e alguns indivíduos se dão ao direito de tratar sordidamente outros. Depois, descobrimos que a cidade é um parque temático para pessoas muito ricas que querem viver experiências diferentes, e que os residentes, chamados de anfitriões, são androides, mas sem consciência disso, e sofrem a cada investida dos visitantes, que desconsideram seus sentimentos, pois os veem como objetos descartáveis que servem apenas para realizar seus desejos. Após serem utilizados, os androides são reprogramados para desempenharem infinitamente os papéis que lhes são designados para satisfazer as fantasias

VÍNCULO FANTASMA

e projeções dos visitantes. Em algum momento, algo sai do controle e os androides passam a ter consciência de sua situação e se rebelam.

É uma das melhores traduções do vínculo fantasma vindo à tona. Pessoas desejam simplesmente viver experiências de profundidade, porém o que está na gênese do conceito é experimentar sem se envolver, sem assumir responsabilidades que impeçam a volta imediata à vida real assim que a brincadeira se torna enfadonha. Como tirar férias em um hotel-fazenda para passear em cavalos que não se sabe como são tratados, dar milho para galinhas que não têm que matar para o almoço, pescar em lagos artificiais uma truta que será limpa e preparada por outra pessoa e colher hortaliças que não plantou nem esperou crescer.

Em vez de androides, galinhas e vacas, seres humanos estão servindo de marionetes para as experiências sem que seus sentimentos sejam levados em conta, sem que possam ser eles mesmos, pois, assim que terminar a projeção, a vivência terá sido esvaziada e já é hora de buscar outra fonte, ou vítima, para satisfazer a sede que nunca acaba. O vínculo fantasma não visa manter um relacionamento raso, mas esvaziar, até o fim, um relacionamento profundo. Eis a diferença. Em uma conferência há 100 anos, Jung captou essa tendência, que já se insinuava.

> O simples fato de se assumir um casamento experimental significa que existe de antemão uma reserva: a pessoa quer certificar-se, não quer queimar a mão, não quer arriscar nada. Mas com isto se impede a realização de uma verdadeira experiência. Não é possível sentir os terrores do gelo polar na simples leitura de um livro, nem se escala o Himalaia assistindo a um filme.[11]

Enfim, o que pode ter levado essas pessoas a criarem um ambiente de profundidade artificial quando, na verdade, não querem a profundidade? Por que não se envolvem com pessoas que almejam o mesmo, que não desejam nada de mais duradouro? Por que procuram indivíduos que nitidamente querem, sentem e projetam coisas que não estão dispostos a oferecer? E por que, por outro lado, pessoas desejosas de consistência, ou aparentemente desejosas de consistência, se deixam levar por relacionamentos visivelmente infrutíferos, se não perigosos? Eis aqui uma dupla inseparável. Pode ser uma neurose mútua, e triste de assistir.

Não parece fazer sentido. Mas faz. A mesma doença causa dois sintomas diferentes de acordo com a psique afetada, ou vira vítima, ou vira predador.

Nesses momentos críticos, a capacidade de discernimento, nosso sistema imunológico psíquico, pode ser fatalmente afetada, nos deixando vulneráveis a vírus oportunistas que havia muito tempo pairavam no ar, mas que agora têm a oportunidade de proliferar.

2
O jovial e o imaturo

Considero a atitude do puer aeternus como um mal inevitável. O caráter do puer aeternus é de uma pueridade psicológica que deve ser de algum modo superada. Sempre o leva a sofrer golpes do destino que mostram a necessidade de agir de maneira diferente. Mas a razão não consegue nada nesse sentido, porque o puer aeternus não assume responsabilidade pela própria vida.[1]

Carl G. Jung

A imaturidade faz parte da vida. Não poderia ser diferente, já que o ser humano, assim como os demais viventes, apresenta-se no mundo em sua forma inicial, como um "vir a ser" que precisa se desenvolver até o momento que se torna maduro o suficiente para realizar o seu destino. Portanto, a imaturidade em si não é um problema, é, antes de tudo, um direito quando ainda somos crianças e adolescentes. Nessa fase, há o benefício da ampla isenção de muitas responsabilidades, que vem atrelada, logicamente, a uma restrita liberdade de escolha. Portanto, crescer seria correspondente ao processo pelo qual, à medida que nos tornamos mais responsáveis e conscientes, adquirimos direito a mais liberdade, por sermos mais confiáveis em diversos aspectos. Por essa lógica, os padrões biológicos e legais que dão ao indivíduo o status e os direitos civis de um adulto seriam correspondentes a um grau de consciência suficiente que garantisse a esse indivíduo a capacidade de se responsabilizar pela liberdade que lhe é dada. É nessa hora que encontramos o problema da imaturidade. Ela se torna sintoma quando ocorre em grau elevado no sujeito considerado adulto e que deveria tê-la superado em larga medida. Estabelece-se, assim, um problema, pois uma criança irresponsável com poderes ilimitados de um adulto é, certamente, nociva para si própria, mas também, em igual ou pior medida, para os outros. Eis aí a constelação do *puer aeternus*, o eterno imaturo. Um distúrbio no desenvolvimento psicológico.

Carl Gustav Jung foi o primeiro a nomear esse arquétipo, que se expressava na trajetória de muitas divindades adoradas em seu estágio infantil em diversas culturas há milhares de anos. Embora, como todo arquétipo, o *puer aeternus* tenha uma face positiva e outra negativa, o termo foi mais utilizado para se referir à negativa. Obviamente, há divindades crianças que expressam a eterna jovialidade que mantemos dentro de nós até depois de adultos: aquela criança que não morre, mas renasce na psique trazendo esperança, renovação, frescor, alegria e capacidade de se surpreender com o que é novo. Mas estamos falando do lado negativo dessa divindade criança, da imaturidade, do capricho, da irresponsabilidade e falta de compromisso. Aspectos perdoáveis em uma criança, porém inaceitáveis em um adulto, que se mantém regredido, um adulto cuja vida passa e ele continua a se comportar como criança. Mesmo que a princípio pareça ser uma pessoa madura em alguns pontos, seu núcleo emocional permanece imaturo, apresentando, ao longo dos anos, determinadas características que compõem o que identificamos como o comportamento disfuncional de um *puer aeternus*.

Mas foi Marie-Louise von Franz,[2] aluna e colaboradora direta de Jung, que desenvolveu com mais profundidade o tema no livro *Puer aeternus*, de 1964. Embora Von Franz o tenha escrito com enfoque no comportamento masculino, a verdade, como ela mesma afirmou, é que toda vez que falamos do *puer aeternus*, também falamos "da *puer*", ou *puella aeterni*, na tradução exata.[3] Não é privilégio só da psique masculina apresentar esse comportamento. São características que podem ser identificadas em qualquer ser humano com problemas de amadurecimento e que encare os relacionamentos com infantilidade.

O JOVIAL E O IMATURO

Explicando de forma simples, o arquétipo, nesse contexto, é um modelo de comportamento partilhado pelos seres humanos, que existe no inconsciente coletivo, por isso faz parte da realidade psíquica de todos nós. Todas as psiques, todas as mentes participam e partilham, mesmo sem saber, desse grande manancial de conteúdos; o que não significa que todos os arquétipos se manifestam, ou constelam, na vida de cada um. Entretanto, uma vez que a psique é tomada por uma força arquetípica como o *puer*, percebemos as suas características, e o início, meio e fim de uma história se tornam previsíveis, caso o sujeito permaneça inconsciente desse processo.

Na psicologia junguiana, elegemos alguma história ou personagem mitológico para nomear e simbolizar a força de determinado arquétipo que se manifesta naquele mito ou na trajetória de determinado personagem. O arquétipo em si não se reduz ao mito nem é traduzido plenamente por ele, apenas lhe empresta o nome, pois a essência do arquétipo é inabarcável em sua totalidade. Quando falamos do *puer aeternus*, elegemos como referência a sua personificação mitológica mais conhecida, o deus Eros, ou cupido, em sua manifestação mais imatura, como a eterna criança atrelada à mãe Afrodite. Não é preciso uma pesquisa iconográfica muito longa para perceber rapidamente que, nas esculturas e pinturas que retratam Eros com a mãe, ele é sempre uma criança com asas e arco e flecha em prontidão para insuflar paixões artificiais, muitas vezes com a intenção de pregar uma peça irresponsável ou aplicar um castigo ordenado pela mãe. Em algumas das representações, tem expressão perversa e atitude incestuosa. A representação muda drasticamente quando é um jovem adulto ao lado de Psiquê, que, em grego, significa tanto "alma" quanto "borboleta" e origina o termo "psique". Essa história, que pode ser examinada por infinitos ângulos, é uma das mais ricas da mitologia grega, e, por isso, retornaremos a ela várias vezes para compreender o vínculo fantasma.

As histórias arquetípicas existem para nos conscientizar da existência de determinados padrões que se apresentam na psique coletiva e que podem influenciar a psique individual. De certa forma, são um misto de testemunho, alerta e tutorial. Se temos, dentre outros, Eros como símbolo do *puer*, há de se imaginar que não se trata de um fenômeno exatamente novo. De fato, o *puer aeternus* sempre existiu, pois, como já foi dito, é uma anomalia no desenvolvimento emocional da psique, que ocorre durante o processo de transição entre a infância e a vida adulta. A pessoa se torna parcialmente adulta enquanto núcleos emocionais permanecem infantis, estagnados, na melhor das hipóteses, nos 18 anos, incapazes de se adaptarem às exigências do mundo adulto. Por se tratar de um processo longo, os graus de neurose e limitação emocional variam muito e vão depender do estágio de transição da infância para a idade adulta em que o sujeito ficou fixado. Alguns com casos menos graves conseguem até se adaptar, a duras penas, ao trabalho e a outras exigências da vida adulta, porém permanecem incapazes de se relacionar emocionalmente de forma madura. Outros têm a vida adulta comprometida.

CRESCER É SINÔNIMO DE VIVER

Dizem que o tempo é impaciente, mas não é verdade; a paciência é um atributo do tempo. Quantas vezes ele já bateu em nossa porta convidando à aventura e pedimos: "Um minutinho!" Foi aquele curso que não fizemos quando saímos da escola; a alimentação que não melhoramos como deveríamos; as mudanças que adiamos; os relacionamentos que tememos. Mas, ainda assim, ele passou de novo, já com a cara mais séria, dizendo: "Corre." Então, mesmo sem nos considerar prontos, reunimos na mochila coragem e confiança, seguramos a sua mão e vamos, afinal, compreender que o importante é nos unir ao tempo enquanto é tempo, pois tudo é tempo. O *puer*, ao contrário, é aquele que pede um minutinho e foge pela porta dos fundos.

É claro que não existe ninguém completamente maduro em todos os campos da vida. A diferença, no entanto, é que, quando aceitamos o crescimento, trabalhamos continuamente esses aspectos onde quer que estejam. Já o *puer* encarna um padrão regressivo que rejeita o crescimento; portanto, ele sente uma revolta secreta contra o tempo, com quem trava uma luta na qual entra, obviamente, perdedor, como um peixe que se rebela contra o mar, pois afinal de contas não há nada à volta que não seja coordenado

O JOVIAL E O IMATURO

pelo tempo. Uma situação bem mais complexa que a de Dom Quixote e seus moinhos de vento.

Todo ser vivente tem uma trajetória muito parecida: nasce, cresce, reproduz e morre. Sendo a reprodução o único ponto facultativo. Mas vamos começar do início.

O bebê quando nasce é criado por alguém, integrante de uma família funcional ou não, que se responsabiliza minimamente em suprir suas necessidades básicas até o momento em que ele cresça o suficiente e seja capaz de manter a própria sobrevivência. Para que isso aconteça, mesmo que de forma precária, são necessários muitos anos de algum tipo de dedicação e presença de um adulto. A qualidade da presença e dos vínculos afetivos criados deixará, invariavelmente, marcas conscientes e inconscientes. Além do mais, quando somos crianças, vivemos como extensão dos pais ou daqueles que executam essa função, carregamos o nome que nos dão e vivemos de acordo com as crenças, capacidades emocionais, sociais e financeiras que eles têm; tudo isso fará parte do nosso desenvolvimento. Aos poucos, nos tornamos alguém, em um processo marcado pela percepção da separação e pelo início da percepção de que existe algo a ser chamado de "eu". Continuamos a trajetória fazendo uma grande elipse até o início da puberdade, quando começamos a ter mais consciência de que somos indivíduos capazes de raciocínios, reflexões e sentimentos que podem ser, em boa medida, diferentes dos de nossos pais. É quando nasce a vontade cada vez maior de fazer as coisas "do meu jeito". Essa fase de rompimento é normal e desejável, mas pode ser mais ou menos turbulenta, e, por isso, mereceu até o nome de "crise da adolescência".

Na verdade, a intensidade dessa turbulência é muito variável, e vai depender de fatores internos e externos. Seja como for, o que importa é que a experiência de transição da infância para a vida adulta é o destino do ser humano em toda e qualquer sociedade. Sua importância e magnitude são honradas desde épocas ancestrais, por isso há inúmeros mitos e rituais, alguns extremamente elaborados de forma objetiva ou simbólica, cuja intenção é auxiliar os jovens nessa travessia para que, depois das provas, cruzando florestas, mares, montanhas, vencendo feitiços e matando dragões, possam voltar vitoriosos. Se retornam, são respeitados como adultos da sociedade a que pertencem. Aqui há, de maneira clara, um arquétipo, o arquétipo do herói, que por sua centralidade psíquica e universalidade foi reconhecido por Jung como o arquétipo central, tamanha é a sua relevância. A partir dessa concepção, o autor estadunidense Joseph Campbell desenvolveu o que chamou de "jornada do herói", demarcando mais acentuadamente as fases de sua trajetória. Baseados em seu trabalho, inúmeros roteiros e livros direcionados, principalmente, ao público jovem, foram feitos.

Posso afirmar com alguma convicção que o *puer aeternus* é aquele que, por motivos diversos, não conseguiu encarnar o arquétipo do herói de forma eficiente, e ficou preso em alguma etapa da travessia para a vida adulta. Quanto mais cedo falha, maior é a regressão. Alguns sentem muito medo e carregam a marca da insegurança extrema de não se sentirem capazes e, por isso, rejeitam assumir qualquer compromisso, expressando o característico orgulho compensatório de se julgarem superiores à tarefa apresentada.

A covardia emocional de se aprofundar em relacionamentos e compromissos relevantes, em geral, leva o *puer aeternus* a exibir atos de aparente heroísmo que, na verdade, são comportamentos infantis imprudentes, como situações de alto risco injustificado, para compensar e encobrir a covardia perante os desafios da vida. Se morre em tais empreitadas, não há uma causa maior por trás, infelizmente apenas o desperdício de uma vida valiosa.

O verdadeiro herói adquire uma elevada consciência do valor da vida, e só a coloca em risco mediante um propósito, nunca por orgulho, conquistas incipientes ou irresponsabilidade. Por esse motivo, nos mitos, ele é guarnecido pelos deuses e vence a morte. Já o *puer* quer uma capa de herói para disfarçar o quanto se encontra sem sentido e sem rumo diante da vida. O *puer* não sabe o motivo pelo qual vive, não sabe o que fazer com a vida. O compositor Lobão já dizia, nos anos 1980, que para eles "É melhor viver dez anos a mil do que mil anos a dez".[4] Imagino facilmente o herói grego Aquiles[5] cantando esse refrão.

Isso me faz lembrar do famoso "Clube dos 27",[6] idade em que vários artistas, principalmente da música, morreram prematuramente por exces-

O JOVIAL E O IMATURO

sos: overdose ou acidente. Teorias da conspiração à parte, tais casos podem ser analisados como expoentes de imaturidade, pessoas de constituição psicológica frágil, que não conseguiram lidar com as exigências da vida adulta ao baterem à porta de forma avassaladora. Receberam um golpe do destino quando o desejado sucesso se apresentou não apenas com o lado divertido, mas também com as inúmeras responsabilidades com as quais não estavam preparados para lidar.

Os mais sensíveis frequentemente buscam fugas imediatas que os mantenham na "Terra do Nunca", recorrem a drogas e comportamentos compulsivos, cumprindo o destino do arquétipo do *puer* em seus aspectos sombrios e destrutivos, despedaçar e/ou ser despedaçado. Realizam em si mesmos a morte de Orfeu, quintessência dos que dominam a arte pela música. Deprimido por perder Eurídice, Orfeu se nega a ter relações com as mênades, ou bacantes, discípulas de Dioniso, sendo então despedaçado por elas em êxtase orgiástico. Vale lembrar que Dioniso – Baco – é o *puer aeternus* dos excessos. Enfim, são vividos pelo mito não assimilado.

Mas não são apenas os músicos que estão à mercê do domínio arquetípico. Qualquer um que em qualquer profissão faça soar a sua lira com maestria órfica sem a estrutura necessária para suportar essa força pode estar sujeito a esse destino. A morte pode vir como autossabotagem, em que as conquistas são postas a perder em nome da recusa do crescimento. Com o arquétipo não se brinca.

Jung frequentemente utilizava a árvore como metáfora do crescimento e da estrutura psíquica do ser humano. Sempre dizia que copas altas que tocavam os céus precisam ser sustentadas por tronco forte e raízes profundas fincadas à terra ou tombariam facilmente na primeira tempestade.

Ele mesmo passou por uma crise psicológica severa, durante a qual os pilares de sua obra eclodiram como um vulcão em erupção cuspindo lava incandescente. Jung só pôde sobreviver a tamanha pressão, literal e metaforicamente, por ter bases muito firmes plantadas ao longo da vida, mais especificamente a rotina e as responsabilidades assumidas como médico psiquiatra, diretor do hospital universitário psiquiátrico Burghölzli, em Zurique, professor da universidade, marido e pai de cinco filhos, numa casa sólida que havia construído. Uma rotina, verdade seja dita, garantida pela esposa Emma, que impediu que ele se perdesse no próprio mundo interior. Essa estrutura funcionou como um lastro e um porto seguro.

No caso, o *puer* se nega justamente a construir compromissos sólidos, tornando-se especialmente sujeito a tombar em tempestades, pois suas raízes, se existirem, são superficiais. Jung considerou sua dramática e praticamente involuntária imersão no inconsciente como uma experiência análoga a que se lançou Nietzsche em seu *Zaratustra*.[7] O filósofo, porém, naufragou, perdendo a sanidade e a vida, talvez pela falta de algum lastro.[8] Não é uma mensagem muito diferente da história infantil dos "Três porquinhos". O lobo sempre virá soprar, mas quem tiver construído sua casa, que pode simbolizar vida e psique, em bases firmes, terá mais chances de resistir.

NASCIMENTOS COMPLICADOS

Na minha experiência clínica, observei que, com uma frequência relevante, muitos *puers* tinham na sua história de nascimento um parto complicado, uma demora a dar os costumeiros sinais de vida, ou algum risco de morte nos primeiros meses, como se, ao chegar, não tivessem o desejo de viver. Não significa que toda criança que teve dificuldades ao nascer se tornará um *puer*; algumas, muito pelo contrário,[9] exibem uma inacreditável garra para viver. Mas acredito que seja uma observação válida para que outros clínicos possam prestar atenção a esse aspecto.

Esbarramos aqui em um dos paradoxos que atormentam o *puer* dia e noite: apesar do temor de se entregar à vida, o que ele mais teme é a morte, em especial uma morte por velhice. Por isso se apega a tudo que possa ir contra o tempo, como se, ao negar a maturidade, pudesse permanecer eternamente jovem e, portanto, eternamente vivo. Entretanto, ao negar o fluxo da vida, que aponta, invariavelmente, para uma finalidade, não vê propósito nela. Parece complicado? E é, de fato, muito. Principalmente, porque o conflito é em grande parte inconsciente.

Em alguns casos, quando se trata de uma *puella*, o inconsciente, na busca por encontrar uma solução, engendra uma gravidez frequentemente

O JOVIAL E O IMATURO

descrita como "acidente". Mesmo ciente de que algumas mulheres engravidam apesar do uso de contraceptivos, não sou dada a acreditar em acidentes dessa natureza nesse contexto, então creio que o melhor seria dizer "inconsciente". Por isso, sempre que vejo uma paciente jovem passando por uma crise de sentido de vida, procuro torná-la consciente dessa cartada, utilizada com alguma frequência pelo inconsciente feminino, para que não seja surpreendida por algo que não deseja lidar no momento. Porém, quando a providência inconsciente é assertiva, o arquétipo materno, que é por natureza relacionado ao estágio de maturidade, se sobrepõe à *puella* na psique da mãe, e o filho, ao menos por um bom tempo, passa a ser um propósito de vida válido e a sua própria vida adquire relevância e sentido, por ser importante para outra pessoa a quem ela finalmente se dedica e ama. O que não significa dizer que é fácil, pois enfrentará o maior medo dos *puers*, assumir compromissos permanentes, responsabilidades e rotinas desgastantes: os seus dragões. É possível que nesse confronto interno exista um luto pela criança interior, expresso como um breve episódio de depressão pós-parto, mas que é superado sem causar danos irreparáveis. Portanto, nesses casos, quando tudo vai relativamente bem, o que era veneno torna-se antídoto. Quando o filho crescer, ela voltará a confrontar as demandas internas, mas já em outro nível da espiral.

Sinto a necessidade de deixar bem claro que esse comportamento não se aplica a todos os casos, e que gravidez não é uma panaceia, nem indicação clínica em hipótese alguma. Até porque *puers* e *puellas* não são todos iguais; embora apresentem características comuns que tornam possível sua identificação, estão longe de serem iguais. Existem pessoas com fortes traços narcisistas e, nesses casos, quando uma gravidez vai a termo, há uma grande possibilidade de que o arquétipo materno seja sentido pelo ego da mulher como uma ameaça mortal ao arquétipo da *puella* com a qual já está fatalmente identificada, e, quando a psique narcísica é o campo de batalha, quase sempre vencem os *puers*. Haverá então rejeição ostensiva, ou velada, ao filho, que é uma ameaça ao seu *status quo*, ou até mesmo um concorrente. Caso seja uma filha, o segundo aspecto pode se intensificar. Para a personalidade dessa espécie, a possibilidade de doação incondicional ao outro, ainda que por um período, é impensável, mesmo quando por acaso se tornam mães e pais.

No caso dos homens, a paternidade é um recurso menos utilizado pelo inconsciente por motivos óbvios, mulheres podem decidir ter filhos "sem pai", mas eles precisarão de alguém que entre no projeto.[10] Mesmo assim, a possibilidade de um homem *puer* abandonar o relacionamento e rejeitar a gestação é muito grande. Algumas vezes, eles sustentam o processo, porém para o pai, mesmo no caso dos mais participativos durante a gravidez, a intensidade da experiência começa quando a criança chega de fato e ele pode se relacionar diretamente com ela. É nesse momento que a rotina muda de maneira radical e um *puer* pode não suportar a nova realidade de responsabilidades e demandas que o privam da liberdade. Sem aviso ou justificativas racionais e sustentáveis, simplesmente se retiram.[11]

OS TIPOS DE *PUER AETERNUS*

Pelo que foi dito até aqui, pode parecer que o *puer aeternus* é sempre um vilão maléfico. De fato, os investimentos afetivos direcionados a um *puer* geralmente trazem sofrimento e decepção, mas nem todos o fazem com um bom nível de consciência do quanto estão sendo destrutivos em relação ao outro. Acreditam muitas vezes que tudo aconteceu por não terem encontrado o grande amor e chegam a crer que são honestos por avisarem logo de início que não querem se apegar. Chamo-os de *fantasmas românticos*, pois se assemelham muito a personagens de romances impossíveis, que muitas vezes se afastam com a justificativa de amarem demais, e uma vida a dois destruiria o amor. Caso tenha estranhado, bom para você, pois de fato é uma falácia insustentável, mas que para um *puer* faz sentido. O que está em jogo é um ideal romântico de amor, e não do próprio amor. Esse sentimento os inspira a compor canções, poemas, pintar e escrever cartões, mas nunca se materializa para viver a vida a ser vivida.

Não raro encontramos esse tipo, um pouco mais ingênuo e sonhador, exibindo um padrão de interesse por pessoas comprometidas ou que moram muito longe. Os amores inviáveis oferecem, pela própria característica,

O JOVIAL E O IMATURO

um prazo de validade autoimposto, que isentará o imaturo de se responsabilizar pelo seu fim. Mas repito, na maior parte das vezes, padrões desse tipo são inconscientes. Se perguntar para um *puer* dessa categoria o que o faz proceder assim, é mais provável que não saiba dizer. O que o diferencia dos tipos mais letais é justamente o sofrimento e o lamento causado pela própria situação que impõe ao outro e a si mesmo.

Quando esse tipo apresenta apenas a infantilidade no âmbito emocional, mas consegue assumir relativamente bem os outros requisitos da vida, não raro apresenta um perfil extremamente controlador por trás de toda poesia. Renuncia ao objeto de seu "verdadeiro amor" e na semana seguinte há fotos dele, ou dela, nas redes sociais, com a nova namorada, ou namorado. Provavelmente, pessoas que o suprem de relativa estabilidade, mas que não exigem entrega amorosa, assim pode correr a hora que bem entende, não será difícil. Caso escolhesse ficar com a pessoa "amada", correria o risco de não ser dominante na relação, e ainda perderia aquela ou aquele que tão bem desempenha o papel de musa. Logo, o fantasma romântico tem uma sombra nem tão romântica assim. Por vezes, o inconsciente lhe "prega uma peça" fazendo com que tenha filhos de relações casuais e fique de alguma maneira atrelado a pessoas que menos queriam. Trata-se de um frequente mecanismo compensatório inconsciente.

Nesses casos, são como crianças perdidas e amedrontadas que não sabem como se comportar no mundo dos adultos e temem tudo que pareça exigir um grau efetivo de compromisso. Por isso, é comum tangenciarem a vida assumindo trabalhos providos de relevância aparente, dos quais podem se livrar rapidamente caso desejem, como os relacionamentos. No entanto, sofrem por serem assim e, por meio do sofrimento, que pode se traduzir em um sintoma neurótico e/ou psicossomático, talvez haja alguma saída quando buscam auxílio, que recebem prontamente por despertarem ainda alguma compaixão e algum sentimento naqueles que os rodeiam.

Quando recebi Daniel em meu consultório, percebi que ele estava vivendo, quero dizer, sendo vivido, pelo arquétipo do *puer*. Seu caso poderia ser uma cartilha de tantos detalhes clássicos. Logo vi que era inteligente, sincero, e o principal: estava genuinamente empenhado no processo de análise.

Durante nossa conversa, me contou um sonho especialmente impactante da noite anterior: entrava em uma espécie de labirinto onde encontrava um monstro que o espancava com extrema agressividade até quase a morte, quando algo o fez intuir que ele e o monstro eram a mesma pessoa.

A família de Daniel possuía uma situação financeira razoável, o que lhe permitiu investir bastante tempo em seus estudos e, consequentemente, o ajudou a garantir um ótimo emprego. Estabelecido financeiramente, resolveu se tornar o pai da família, ou aceitou o lugar que a mãe havia reservado para ele, cuidando dos dois irmãos mais novos, tomando as decisões da casa de maneira geral e custeando a maioria das despesas domésticas. Se engana quem pensa que seu pai era fisicamente ausente. Não por temperamento e motivos próprios, mantinha-se emocionalmente distante. Sua vida afetiva até então era quase inexistente; desde sempre, se relacionava com homens muito complicados que jamais ofereceriam a possibilidade de um romance, ou marcava encontros casuais por meio de aplicativos, garantindo que não veria mais aquela pessoa novamente.

A afetividade era uma questão tão complicada que cogitou seguir uma carreira monástica, já que vinha estudando intensamente temas ligados ao esoterismo. Mas, quando percebeu se tratar de uma fuga, iniciamos nosso trabalho. Foi uma longa jornada, com muitos momentos de tensão e descobertas profundas, pois não se negava a investigar o que fosse preciso; inclusive seus sonhos, muito vívidos e simbólicos, foram cruciais para o processo. Depois de algum tempo, ele entendeu que precisava de um espaço só seu. A decisão de morar sozinho foi um grande passo, mas eis que também se viu catapultado ao mundo dos adultos, entendendo que, além de ser responsável pelo seu sustento, o que era fácil, ele estava só consigo mesmo. Se não lavasse a louça, ela não sumiria magicamente no dia seguinte, sem falar da solidão. Como não tinha mais a família de origem, precisava criar sua estrutura.

Recorreu aos amigos, que passou a ver com frequência, mas não foi o suficiente. Estava carente e precisava de alguém para suprir essa lacuna. Foi quando resolveu namorar, afinal queria ter essa experiência na vida. Conheceu Denis em um aplicativo de relacionamento e começaram a namorar. Estava muito animado, quase eufórico, adorando a experiência de

O JOVIAL E O IMATURO

ter companhia para assistir a um filme em casa e comer pipoca. Mas em poucos meses começou a achar que a companhia de Denis na verdade era enfadonha, entendeu que não o admirava, e que já estava bom, já tinha durado o suficiente, não queria mais ter um namorado.

Assim que entendeu isso, comunicou a Denis a decisão de forma sumária dando por encerrado o assunto. Denis quis conversar, mas Daniel não. Pouco tempo depois deixei na bancada do consultório o livro *Puer aeternus*, de Von Franz. Ele comprou no mesmo instante pelo celular. Na semana seguinte me disse "esse livro sou eu". Entendeu que nunca havia se interessado por Denis como pessoa, apenas desejava ter uma "experiência de namoro" e não um envolvimento legítimo, o outro era apenas um ator para desempenhar um papel bem definido. Trabalhar esse tema não foi fácil, mas muito gratificante. A diferença de pessoas como Daniel de outros *puers* é a capacidade de reconhecer a própria sombra, além de vontade e coragem para vencer a si próprio. Algo raro.

Desde que comecei a estudar o tema, deparei com inúmeros depoimentos de ambas as polaridades. E para minha surpresa, recebi relatos de inúmeras pessoas que se reconheciam como os fantasmas e que desejavam sinceramente sair desse padrão, mas não sabiam como, algo que as fazia sofrer imensamente. Quando esse nível de consciência emerge, podemos trabalhar em prol do reequilíbrio emocional da psique, pois a pessoa que se apresenta à nossa frente, embora tenha, sim, causado dores, é semelhante a princesas ou príncipes dos contos de fadas arquetípicos, que vivem como monstros por terem sido amaldiçoados por um mago ou bruxa, e não sabem como quebrar o feitiço sozinhas. A neurose assume as características de uma possessão, na linguagem dos antigos. Quando recebo pacientes assim no consultório, legitimamente imbuídos da busca por uma transmutação interna, sinto um respeito profundo, pois um dos maiores atos de coragem é se reconhecer falho e buscar recursos para se tornar a melhor versão de si mesmo.

Ao contrário, caso se mantenham por muitos anos nessa atitude, algo parece cristalizar, endurecer, e o pessimismo e cinismo perante a vida, os relacionamentos e o amor tomam conta da consciência que, frequentemente, justifica tudo como uma convicção alicerçada por fatores políticos, sociais e filosóficos generalizantes, sem conseguirem acessar ou expressar o que realmente sentem como indivíduos, chegando à desconexão total consigo mesmo e seu destino. Com o passar dos anos e o declínio dos atrativos físicos, as pessoas dificilmente sentem vontade de estarem ao seu lado. Quando ainda resta alguma vida emocional, pode se expressar como inflação do ego; o sujeito acredita não poder se comprometer com as coisas comuns e ordinárias da vida por ter algum tipo de missão social ou espiritual; o amor pelo coletivo é o substituto de uma relação mais íntima, mas, nesses casos, "todos" passa a ser sinônimo de "ninguém". Entrariam em um mosteiro ou convento celibatário, mas não o fazem, pois teriam que assumir compromissos; afinal de contas, algo inviável por se considerarem uma alma singular e incompreendida. Com o tempo, quando a juventude fatalmente os abandona, tornam-se cansativos e são tratados com descrédito.

Pessoas assim lembram muito o *puer aeternus* em *Macunaíma*, de Mário de Andrade, um ser altamente dúbio, que provoca estragos por onde passa, com pouca ou nenhuma consciência de seus rastros. Por ter uma mentalidade eternamente infantil, ganha, perde, busca, recupera e perde definitivamente a muiraquitã, uma pedra mágica análoga à pedra filosofal do alquimista ou à pérola do *Hino da Pérola*.[12] É digna de nota a parte do romance *Macunaíma*, de Mário de Andrade, que nos apresenta a gênese de um *puer aeternus* desse tipo.

— Minha vó, dá aipim pra mim comer?
— Sim, cotia fez.
Deu aipim pro menino, perguntando:
— Quê que você está fazendo na caatinga, meu neto?
— Passeando.
— Ah o quê!
— Passeando, então!
Contou como enganara o Currupira e deu uma grande gargalhada. A cotia olhou pra ele e resmungou:
— Culumi faz isso não, meu neto, culumi faz isso não... Vou te igualar o corpo com o bestunto.

O JOVIAL E O IMATURO

Então pegou na gamela cheia de caldo envenenado de aipim e jogou a lavagem no piá. Macunaíma fastou sarapantado, mas só conseguiu livrar a cabeça, todo o resto do corpo se molhou. O herói deu um espirro e botou corpo. Foi desempenando, crescendo fortificando e ficou do tamanho dum home taludo. Porém a cabeça não molhada ficou pra sempre rombuda e com carinha enjoativa de piá [criança].[13]

IMATURIDADE CORROSIVA

Chegamos aos casos em que o *puer aeternus* se apresenta de forma infinitamente mais corrosiva e, portanto, perigosa. Infelizmente, considero alarmante que a maior parte dos casos que chegaram aos meus ouvidos foram protagonizados por essa modalidade de *puer*, que tem fortes traços narcisistas,[14] um fantasma corrosivo. Eles não se recusam a se relacionar apenas por medo e insegurança, mas pela certeza de que são seres superiores que merecem ser servidos em todas as suas necessidades; e a necessidade que acaba sendo mais cruel é a de querer se sentir constantemente estimulado por um relacionamento que garanta emoção e excitação, além de achar que o outro tem a obrigação de encarnar sua *anima* ou *animus* de forma integral.

Na verdade, o *puer aeternus* de fortes traços narcisistas nunca enxerga o outro como ser humano, que só tem valor enquanto for capaz de refletir uma projeção enrijecida do ideal afetivo. Ao menor sinal de exigência ou demanda de adaptação, o investimento começa a perder vitalidade e o outro passa a ser diminuído em suas qualidades até que isso se consolide como motivação justa para o fim do relacionamento, de forma manifesta ou não. O envolvimento extremamente superficial faz com que seja capaz de saltar de relacionamento em relacionamento com rapidez, pois, na realidade, o relacionamento é consigo próprio, o outro é apenas uma superfície de projeção, o lago de Narciso.

Passam uma imagem quase irresistível de segurança e poder com a qual atraem, principalmente, pessoas inseguras. Não há como saber se esse tipo nasce assim ou se transforma em algum momento da vida, mas, via de regra, acredita pertencer a uma ordem superior. Esse é outro medo do *puer*, ter que descer do Olimpo e, como reles mortal, cumprir os deveres ordinários da vida. É caso quase perdido.

O desapego extremo não poderia deixar de acentuar também sua sombra mais extrema, o apego patológico, que não é amor. Quando as leis e os costumes não garantem mais a estabilidade das uniões, pessoas inseguras recorrem às vias emocionais. De uns anos para cá, tem sido muito empregado o termo "relacionamento tóxico" para relações de domínio baseadas na manipulação emocional e no esvaziamento do outro como indivíduo.

É o extremo oposto do que ocorre no vínculo fantasma, em que o *puer* tem a intenção de se livrar da pessoa o mais rápido possível e, de preferência, cortar qualquer contato para sempre. O *puer aeternus* narcisista, ao contrário, insiste em manter o vínculo doentio a qualquer custo, chegando inclusive a perseguir a vítima se finalmente ela consegue romper. Porém ambos têm o mesmo objetivo, esvaziar o outro como indivíduo e, em última análise, como ser humano, tornando-o receptáculo das próprias projeções. Os dois carregam em sua gênese o poder sobre o outro. No chamado relacionamento tóxico, há o aprisionamento mais explícito, enquanto no vínculo fantasma, ele é velado. O segundo produz a ilusão de que a relação ideal que se busca, e coerente com o século XXI, deve respeitar a liberdade e a individualidade de cada um, revestindo-a de uma aura saudável, quando, na verdade, significa falta de importância. Como já dizia o poeta:

Quando a gente gosta é claro que a gente cuida
Fala que me ama só que é da boca pra fora
Ou você me engana
Ou não está madura
Onde está você agora?[15]

No vínculo fantasma, caso sejam cobrados do *puer aeternus*, em algum momento, cuidado ou proximidade, a atitude será classificada como tentativa de sufocamento. Para embasar o discurso, ele vai dizer que qualquer reinvindicação de laço configura dominação e possessividade, ou seja, é tóxico, sem que de fato seja. Assim continua o poeta.

O JOVIAL E O IMATURO

Não sou nem quero ser o seu dono
Mas um carinho às vezes cai bem
Por que você me esquece e some?
E se eu me interessar por alguém?
E se ela, de repente, me ganha?[16]

A resposta franca às perguntas feitas na letra da música seria: "Porque eu não me importo." Com esse grau de liberdade, pode ocorrer a pergunta: "Onde está o jogo de dominação afinal?" No fato de estar sempre nas mãos do *puer* fantasma a prerrogativa de terminar a relação quando bem entender, sem que o outro seja levado em consideração em nenhum aspecto. Ainda há a possibilidade de que seja evocado o desapego como condição vital para os espíritos de consciência mais elevada; raspando o verniz, porém, vemos que não se trata do desapego em mais alto grau como expresso no budismo, e sim de um nome velado para desprezo e desvalor.

CRISE DE MEIA-IDADE, O *PUER* ADORMECIDO

Pode ser que nesse momento a imagem do *puer* esteja se configurando como alguém de no máximo 35 anos, em que ainda se pode enxergar alguma juventude, que em pouco tempo começará a se esvair, mas ainda está lá. Se houvesse um prazo-limite para deixar de ser *puer,* que pudesse ser ativado à revelia em determinado aniversário, ou simplesmente dando *check* nos marcadores sociais de vida adulta, a situação não seria tão grave. Mas o *puer* não tem idade e nem sempre é identificável.

Existe o fenômeno do *puer* adormecido na psique, que desperta inesperadamente como um vulcão em volta do qual plantávamos e colhíamos frutas e hortaliças. Como o Vesúvio que sem aviso devastou Pompeia e Herculano. Muitas vezes, na tentativa honesta de colocar a vida nos eixos, de se adaptar, o *puer* se vê impelido, por alguma necessidade emocional ou financeira a entrar na vida adulta, sem que isso seja sua vontade.

Ele vai encarar a fase adulta como um infortúnio, não a aceitará como o herói em busca de seu destino, não é um chamado; o *puer* a aceita como uma fatalidade, que o privou do lado "positivo" da vida. Quando isso acontece, vemos pessoas que aceitam o mundo adulto a partir de modelos restritos, como quem cumpre os passos de um tutorial, moldando-se de fora para dentro, como argila nas mãos de um oleiro que segue um molde predefinido.

Geralmente, são pessoas pouco flexíveis e muito críticas quando julgam as pessoas que não obedecem aos seus estritos preceitos; repetem comportamentos familiares, sociais ou religiosos sem que sejam de fato seus. Mas sempre que as olhamos do alto de suas certezas, algo parece fora do lugar. Frequentemente, existe uma sombra que atua longe dos olhos, como uma válvula de escape transgressora, que se expressa frequentemente como vício, seja em jogos, sites de pornografia e consumo de substâncias preferencialmente ilícitas, embora o álcool também seja uma constante. Tais comportamentos têm função análoga à válvula de segurança de uma panela de pressão, mas é um paliativo. Quando a peça precisa ser colocada no fogo, não aguenta a pressão e explode, espalhando cacos para todo lado, atingindo indiscriminadamente quem estiver por perto.

A explosão pode ser neurótica ou psicótica, mas qualquer coisa precisa parar aquela vida. Em caso de neurose, há a frequente crise de meia-idade, que ocorre por volta dos 40 anos de idade, quando o indivíduo vê as oportunidades da juventude acenando com um adeus e virando a esquina. Nessa situação, algo incontrolável eclode e ele vai atrás da vida a ser vivida sem se importar com os compromissos assumidos, pois não foram assumidos pelo seu verdadeiro eu. Pode largar família e trabalho em um rompante. Frequentemente, o estopim é a avassaladora paixão por alguém em quem projeta a salvação; a nova pessoa passa a significar a perfeição e a liberdade de "ser quem eu sou". O mesmo pode acontecer em relação a um trabalho diametralmente oposto ao que se tinha antes, sob a capa ilusória de transição profissional, pois não é feita da forma mais adequada, "o importante agora é fazer coisas e estar com pessoas que proporcionem finalmente a verdadeira felicidade e reconheçam meu valor". Assim se sente um herói, quando na verdade está mais identificado com "o louco", a primeira e última carta do tarô. Com sorte, trilhará todos os caminhos de novo, mas a possibilidade de ser bem-sucedido na jornada é bem pequena.

O JOVIAL E O IMATURO

Um dos melhores exemplos do *puer* adormecido que desperta de forma perigosa é o personagem protagonista em *Fausto*, de Goethe. Fausto é um reles mortal, portador de luz e sombra, assim como todos nós, em que Deus aposta suas fichas, como também o demônio. Fausto começa como uma espécie de Jó repaginado e bem mais fraco que o seu predecessor bíblico, que nada tem de *puer*.

O romance de Goethe começa com o respeitável doutor Fausto já envelhecido, no fim da vida, sozinho e frustrado por não ter conseguido os êxitos que desejava como alquimista e na vida. Os anos vividos não deixaram Fausto nem mais sábio nem mais maduro, apenas desiludido. Dessa forma, quando Mefistófeles chega, o doutor é uma presa fácil, e logo aceita fazer o icônico pacto com o diabo, assinado com sangue, em que penhora a alma em troca de juventude e riqueza. Essas coisas efêmeras o demônio pode dar tranquilamente e garantir mais uma alma cativa.

A puerilidade de Fausto é logo denunciada, já que ele faz péssimo uso das dádivas recebidas, sob a influência do novo amigo, o demônio Mefistófeles. A primeira empreitada da dupla é seduzir a donzela adolescente Gretchen, ou Margarida, por quem Fausto se sente arrebatadoramente atraído. Porém, após engravidar a jovem, ele foge à responsabilidade, deixando um rastro de devastação na vida dela: Fausto mata o irmão de Gretchen, e ela mesma é sentenciada à morte por matar, durante um surto, o próprio bebê. Fausto se arrepende e tenta tirá-la da prisão, mas, em um momento de lucidez, ela vê que ele é acompanhado pelo demônio, e prefere a execução para salvar a alma e obter a redenção eterna.

Já Fausto continua a vagar pela terra arrastando Mefistófeles atrás de si, só se livrando dele no fim da vida, no segundo livro de Goethe, escrito muitos anos depois, perto da morte do autor. O doutor Fausto teve que viver uma vida humana inteira novamente para entender o seu sentido, e ela não foi nem um pouco mais fácil com juventude e dinheiro, visto que o amigo assoprava sempre coisas erradas em seus ouvidos e engendrava tramas inescrupulosas pelas suas costas.

Em termos simbólicos, a escravidão de fato se dá pelo apego excessivo às transitoriedades materiais, aos prazeres sensórios, deixando a consciência atada à terra e à matéria densa, de forma infantil; Mefistófeles era a própria sombra demoníaca de Fausto. O sacrifício de Gretchen, no primeiro *Fausto*, pode ser compreendido como a visão superior adquirida através do sofrimento: ao enxergar os valores mais perenes, ela opta por salvar a alma.

Aí está, no Fausto, o *puer* sufocado, que pode ter essa característica pessoal, ou acabar sendo induzido a tal situação pelas circunstâncias. Quando isso acontece, significa que a criança não cedeu de bom grado seu trono ao adulto que chega, mas simplesmente foi amordaçada, impedida de exercer o seu papel de guia auxiliar e, inevitavelmente, cresce em forma de *puer* que deseja explodir.

Quero lembrar que pessoas sem sombra, ou seja, sem defeitos identificáveis, devem ser observadas com desconfiança. Quando começamos um relacionamento, para que ele tenha alguma chance de ser bem-sucedido a sombra precisa aparecer, ser posta à mesa, pois nos casamos também com ela e, muitas vezes, não tomamos decisões com base no lado luminoso, que claramente é desejável e atrativo; a grande questão é se a sombra do outro é suportável, se não iremos afundar nela, e se o outro é também capaz de viver com a nossa sombra sem sucumbir a ela.

Se não explodir, o *puer* adaptado à força vai implodir, provavelmente em um surto psicótico, crises frequentes de pânico, depressão severa paralisante, ou uma doença somática mortal.

Com o passar dos anos, vai se tornar cínico e amargo. É comum conhecermos alguém que na juventude era criativo, musical, artístico, divertido e, mais velho, fica endurecido, ácido, o encanto se vai, e ele vira o oposto do que era. Essa pessoa não conseguiu entrar na travessia da vida com a criança interior porque confundiu o arquétipo da criança interior que carregamos conosco guardada no inconsciente com o ego infantil; então, quando é privada do ego infantil, passa a pensar que a vida é apenas cruel. Como resultado, resolve ser cruel também, em uma adaptação às avessas. O conhecido passivo-agressivo.

Quando ocorre o processo descrito acima, é muito comum um *puer* constituir família, ter filhos, porém a sensação é de que não está ali de fato. Sempre existe uma justificativa de algo maior e mais importante que o chama. A verdade é que as relações dessa natureza o cansam, são uma obrigação pesada e elas não conseguem prover o amor parental integral,

O JOVIAL E O IMATURO

que inclui o sustento das necessidades materiais e investimento afetivo. Com sorte, haverá a presença de uma pequena parcela de um ou outro, mas sempre insuficiente; na melhor das hipóteses, será amigo dos filhos, mas nunca pai ou mãe, podendo ser frequentemente chamado pelos filhos pelo próprio nome e nunca ou quase nunca como "pai" ou "mãe". Quando o *puer* tiver traços narcisistas, o sofrimento será maior, pois vai desejar aniquilar a juventude dos filhos, como Chronos devorador ou Kali devoradora.[17] O resultado é que as pessoas à sua volta se tornam inseguras, pois não sabem o que fizeram para merecer tamanho distanciamento de alguém que deveria fornecer afeto.

Não devemos, no entanto, carimbar inadvertidamente como *puer* qualquer sujeito que decida promover uma mudança radical de estilo vida. Há momentos em que pessoas psicologicamente saudáveis percebem que os caminhos escolhidos não são adequados para o processo de individuação e, às vezes, as estruturas precisam ser transformadas. É possível, faz parte da vida e pode ser saudável e necessário. Algumas coisas precisam ser dissolvidas alquimicamente, sacrificadas, para que outras possam renascer. Nesse caso, a transição é feita de forma legítima em prol do crescimento e não da regressão. Não significa isenção de sofrimento ao longo do processo, pois todo rompimento, toda morte, mesmo que seja para alcançar algo melhor, causa dor; mas, quando se dá em favor da erupção do *puer* adormecido, há uma destruição que não se sustenta.

Quando um casal se separa de forma consciente, os filhos continuam sendo valiosos para ambos, e a ocorrência de conflitos é significativamente menor, mesmo que ainda existam mágoas, pois os dois reconhecem o valor do que foi construído até ali. Nesse cenário, por vezes, o ex-casal mantém uma relação de amizade e respeito, e as responsabilidades em relação aos filhos são cumpridas de bom grado dentro das possibilidades reais de cada um. Sei o quanto esses casos são raros.

No cenário em que o *puer* irrompe, tudo perde o valor e os relacionamentos não significam mais nada, a pessoa se desmaterializa do dia para a noite e os vínculos que pareciam reais se revelam fantasmas. O *puer* parte para viver a nova vida e, quem fica, até mesmo os filhos, não vai fazer parte dela, pois a anterior nunca foi de fato importante. É capaz facilmente de sumir por anos sem nenhum sentimento de dever. Afinal de contas, uma "vida de verdade" seria uma vida sem os grilhões dos compromissos. Mas é comum que volte a aparecer quando fica doente ou com problemas.

Infelizmente, é cada vez mais disseminada a compreensão do compromisso como sinônimo de prisão, logo, oposto de liberdade. Por este raciocínio, o compromisso produz vínculo; portanto, como devemos ser livres, parece lógico que não devemos ter vínculos e compromissos. Mas trata-se de uma falácia. Compromissos e vínculos também são bases sobre as quais edificamos o crescimento, a terra na qual firmamos raízes para que as folhas toquem o sol, sirva de pista para a decolagem, e de fio terra para a aterrissagem.

A mentalidade imatura não afeta apenas relacionamentos afetivos, é corrosiva também em menor ou maior proporção à sociedade. Quando o objetivo de vida, segundo os padrões pessoais de felicidade, é o prazer ininterrupto, o outro – que pode englobar relações profissionais e sociais – não tem lugar na equação e deve se adaptar, ou não será nem considerado. A remuneração será injusta, o ambiente, inadequado, e o líder, invariavelmente um carrasco sem coração que não reconhece "meu brilho, provavelmente por inveja". Qualquer um que tenha o papel de autoridade será malvisto pelo *puer* e vai se tornar um motivo para que deixe o cargo. Há muitas pessoas que não sabem ocupar cargos de liderança, mas, para o adulto imaturo, o problema sempre é ter que cumprir ordens que o privam da liberdade de fazer as coisas do próprio jeito.

OS AVISOS DO UNIVERSO

O raciocínio extremamente polarizado exposto acima se torna também análogo à imagem de grilhões invisíveis, que obrigam a pessoa a uma dança incessante, exaustiva, sem sentido e sem rumo, como a protagonizada pela personagem dos sapatinhos vermelhos que, enfim exausta, precisou ter os pés cortados para finalmente parar.[18]

Algumas pessoas acham a história muito forte, mas, por isso mesmo, gosto dela. Fala de alguém que não cresceu sobre bases adequadas e toma

O JOVIAL E O IMATURO

65

rumos equivocados. Em dado momento, a menina percebe o quanto os sapatinhos são amaldiçoados, pois não resiste aos impulsos a ponto de não controlar conscientemente os próprios passos; quando já é tarde demais, a única solução de manter o mínimo de vida real é cortar os pés. Assim se comporta o indivíduo quando está dominado por uma neurose, e assim atua a imaturidade corrosiva; ela afeta não o próprio imaturo, que muitas vezes só será impedido quando perceber que algo muito valioso foi perdido – quase sempre alguém que furou o bloqueio em forma de insensibilidade do *puer* e se tornou importante, porém decidiu partir. Pode ser a inevitável morte dos pais, aos quais ainda estava atrelado, ou, na pior das hipóteses, a experiência análoga à mutilação por conta da própria perda do tempo, que passou e não volta. Quanto mais cedo um golpe duro do destino se apresentar, para sacudi-lo até os ossos, tanto melhor, pois ainda haverá lenha para queimar na reconstrução da rota.

Na misteriosa sabedoria oculta no inconsciente de cada um, quem não sabe como cortar um hábito ou estilo de vida pode engendrar autossabotagens terríveis, promovendo uma situação de autointerdição. Como se o machado que corta os pés estivesse nas próprias mãos. Mas medidas drásticas infligidas pelo inconsciente para tentar restabelecer algum equilíbrio nunca ocorrem sem aviso. Costumo dizer que o Universo sempre avisa três vezes; na quarta, é a materialização do fato, pois a pessoa não conseguiu ser sensibilizada pela consciência. Os avisos podem ser desde bons livros que caem em nossas mãos, a história de alguém para quem as coisas não saíram tão bem, um quase atropelamento, um conselho de uma pessoa sábia que você nem conhecia etc. E, claro, principalmente os sonhos.

Prestar atenção aos sonhos é primordial, pois eles trazem por excelência as mensagens vindas do inconsciente. Não é à toa que na psicologia junguiana os sonhos tenham tanta relevância, não apenas durante a análise, mas durante a vida inteira. Hoje, eles são um recurso da natureza psíquica completamente acessível, por meio do qual podemos promover a união da cisão primordial, que é a origem de todas as dores humanas.

Nessa visão da psicologia analítica, o conteúdo dos sonhos e a compreensão de seus símbolos se dão de forma muito particular e mais conectada com as concepções ancestrais do que com o pensamento científico ainda vigente, que privilegia a polaridade racional como fonte de tudo quanto há, encaixando todos os fenômenos psíquicos na mesma linha causal que rege os fenômenos materiais. Jung viu a consciência como tendo origem no inconsciente, e não o contrário; a realidade linear da materialidade consciente, portanto, é uma entre outras mais amplas, e o inconsciente e a psique como um todo não estariam presos à relação de causa e efeito em tempo e espaço lineares apenas.

Por causa da noção mais ampla do tempo, do espaço, da matéria e da psique, Jung e o físico quântico Wolfgang Pauli, ganhador do Nobel de física de 1945, se uniram em uma parceria antes inimaginável para compreender de que maneira a psique, apenas aparentemente separada dos demais elementos, se une a eles. A partir de profundos estudos delinearam o fenômeno que chamaram de "sincronicidade", tão amplamente utilizado nos dias de hoje para falar de coincidências significativas. Por isso mesmo, os avisos da psique inconsciente, pessoal ou coletiva, se manifestam no exterior para que possam ser percebidos pelo consciente e, assim, estabelecer um contato mais estreito.

Certamente, uma pessoa que constela o arquétipo da imaturidade na vida adulta, o *puer aeternus*, terá sonhos que vão dar sinais de seu estado, e podem recomendar maneiras de como proceder para equilibrar a situação. Segundo essa "nova" visão, que na verdade é ancestral e foi esquecida, os sonhos não são apenas fruto e refugo de coisas que já aconteceram e que surgem disfarçadas em imagens oníricas confusas. São um processo autônomo, vivo e criativo do inconsciente, capaz de engendrar soluções para dramas presentes, projetar acontecimentos futuros, e prevê-los. Quem se envolve com um eterno imaturo também pode se beneficiar de seus sonhos para saber que entrou em uma arapuca.

Infelizmente, a maior parte dos que tratam seus sonhos como as previsões de Cassandra[19] não se lembra de que foram prevenidos e, quando muito, faz uma retrospectiva e entende tardiamente que já tinha sido avisado.

Por isso, recomendo que, caso a pessoa esteja sendo assolada por sonhos muito vívidos e confusos, ou recorrentes por um bom período a ponto de causar incômodo, leve-os para a análise, ou inicie uma em que a interpretação de sonhos dentro dessa perspectiva tenha um lugar de destaque.

O JOVIAL E O IMATURO

TEMPO PARA QUÊ?

Uma vez, eu falava em uma palestra a respeito da imaturidade e o fluxo da vida, explicando que corriam à revelia da nossa vontade, pois, afinal, o fluxo é a própria essência da vida. Assim sendo, era melhor seguir com ele. Falamos também de Heráclito.[20] Foi nesse momento que uma pessoa contestou, dizendo que hoje em dia vivemos bem mais que nossos antepassados e que, portanto, temos muito mais tempo para permanecer imaturos antes de assumir responsabilidades. Olhei-o bem nos olhos e disse que o importante era saber o que fazer com esse tempo, a fase na qual queremos investir o tempo "extra" é muito reveladora. As estatísticas de longevidade que identificam expectativas de vida de 80 anos ou mais são apenas números, e se tornam completamente inúteis na vida de um indivíduo, pois, mesmo com a taxa estendida, pessoas ainda morrem prematuramente por doenças genéticas ou adquiridas, acidentes, guerras, desastres naturais etc. Foi o legado da pandemia de Covid-19 e das guerras que eclodiram, mesmo depois dos horrores da Segunda Guerra Mundial: a consciência da inesperada finitude da vida. Jamais saberemos qual é o tamanho do cordão que as três Parcas (ou Moiras)[21] nos presentearam.

E existe ainda outro fator: por mais saudáveis, belos e joviais que possamos permanecer em comparação aos antepassados, aparentando quinze anos a menos graças aos maravilhosos recursos da medicina, não há de fato um organismo com quinze anos a menos. É bem verdade que houve maior flexibilidade para iniciar certas etapas, mas não tanto quanto gostaríamos de crer. O relógio biológico continua mexendo os ponteiros no mesmo compasso, menopausas e andropausas continuam chegando em épocas muito similares a que sempre chegaram, assim como declínio metabólico, sarcopenia e outras marcas do tempo, que podem ser remediadas, mas não anuladas. Por isso, cada vez mais as mulheres que desejam ter filhos precisam apelar para recursos custosos, física, emocional e financeiramente, como o congelamento de óvulos, por não conseguirem adequar o tempo biológico às exigências externas e à escassez de relacionamentos confiáveis.

Quando um maravilhoso recurso médico deixa de atender casos de necessidade para atender casos costumeiros, algo alarmante está acontecendo.

Os homens se iludem achando que têm mais tempo que as mulheres nesse quesito, talvez sim, mas nem tanto... Esquecem, ou não querem lembrar, que, embora o organismo continue produzindo espermatozoides, a quantidade, a qualidade e a mobilidade caem drasticamente por volta dos 40 anos de idade, exigindo tratamento análogo para selecionar os mais viáveis; pouco tempo a mais que a média feminina para o decréscimo de fertilidade.

Não tenho dedos para contar o número de pessoas que afirmaram que aos 35 anos eram jovens demais para assumir um compromisso. Quando algumas dessas pessoas desejam, enfim, encontrar alguém para ter um relacionamento sério e, caso queiram, constituir uma família, passam por uma angústia torturante no enfrentamento contra o relógio biológico, que as deixam vulneráveis a outras armadilhas emocionais que podem afetar muitos anos por vir. E "constituir uma família" muitas vezes significa encontrar alguém para ter filhos apenas quando o relógio biológico está nos últimos minutos, não necessariamente se dedicar a uma vida a dois. Isso acontece porque os filhos se tornaram a única garantia de um laço familiar, confiável, visto que todos os outros se dissolvem facilmente.

Recebo cada vez mais pacientes exaustas e exaustos por terem que cuidar de suas crianças ao mesmo tempo que precisam cuidar também dos idosos, em vez de terem o auxílio deles na criação dos filhos e dos filhos nos cuidados dos avós. E com o aumento de filhos únicos, a carga se torna ainda maior, pois não há com quem dividi-la. Daqui a pouco, a nova geração será destinada a incorporar Atlas,[22] pois, nesse ritmo, a maioria estará com os próprios filhos em torno de 10 anos quando seus pais estiverem com mais de 80.

E é bom lembrar que idoso longevo não é sinônimo de idoso saudável; envelhecer bem é um investimento da mente, do corpo e do espírito, algo que muitas vezes não ocorre no momento certo, e o número de idosos longevos com limitações severas de algum tipo é crescente, demandando mais cuidados que uma criança pequena. Quando um idoso é cuidado com amor e dedicação, provavelmente, dedicou-se da mesma forma a alguém quando tinha forças para tanto, mesmo sabendo que não há garantias. Por isso, mais tempo significa mais consciência e responsabilidades, e não menos.

MORTOS-VIVOS E A IMATURIDADE CORROSIVA

> *Uma questão que assombra os viciados é: "Será que existe alguma coisa real além do que eu invento como real?" (...) É esse o jogo dos anoréxicos, dos jogadores compulsivos, dos alcoólatras, dos "tiradores de racha". Também o jogo que a nossa cultura, que o nosso planeta está jogando. Até onde conseguiremos nos aproximar da beira do abismo sem despencar nele?*[23]
>
> Carl C. Jung

Há muitos anos conheci Bárbara, uma paciente que chegou até mim com a severa queixa de ter tido inúmeros relacionamentos com pessoas destrutivas. Seus dois filhos eram fruto de relacionamentos diferentes, nos mesmos moldes, sem dúvida um padrão que a atormentava desde a adolescência: parceiros adictos e agressivos.

Iniciamos as nossas sessões, e ela estava empenhada no processo. Após alguns meses, quando perguntei a respeito do colega de trabalho que, segundo o que me dizia, estava demonstrando interesse por ela, a resposta foi quase um reflexo: "Ah, mas bonzinho assim não tem graça, né, Tatiana?!" Imediatamente perguntei se ela tinha escutado o que acabara de me dizer, e para minha surpresa ela me olhou espantada e respondeu que não tinha falado nada de mais, que nem lembrava o que era. Ao repetir a frase, ela me olhou seriamente, o ar ficou denso e um silêncio pairou sobre nós, como sempre acontece quando esbarramos em algo valioso e doloroso. Em última e primeira instância, ela era o próprio algoz, e o outro quase um ator para desempenhar o papel que ela desejava que um parceiro representasse. Era o início de um longo trabalho desencadeado pela frase que ela mal conseguiu perceber como um sinal grave.

Aquele que não se entrega à vida a ser vivida caminha como um fantasma entre os vivos.

Nos dias de hoje, a conexão com a vida, mesmo que seja simplesmente uma vida instintiva, parece escorrer cada vez mais pelos dedos e, assim, os humanos morrem por dentro enquanto ainda andam e respiram sem alma.

VÍNCULO FANTASMA

A representação simbólica mais atual dos mortos-vivos da nossa realidade são exatamente os zumbis e, no campo afetivo, os vampiros. Na virada do milênio, houve um *boom* de livros e, em seguida, de filmes e séries retomando o tema dos mortos-vivos. Claro que são histórias arquetípicas e foram incorporadas a folclores; não são, portanto, novas. Mas, como já foi dito, o fenômeno representa a proliferação no imaginário coletivo de manifestações em ebulição no inconsciente que atendem à necessidade de simbolização. Quando um conteúdo arquetípico constela assim na psique coletiva, precisamos examinar cuidadosamente o que revela acerca do momento.

Zumbis e vampiros estão entre muitos de nós. Os dois seres não têm o fluxo vital do sangue circulando nas veias, ou seja, não têm alma.[24] Ambos um dia foram humanos, e algum predador os capturou e fez com que o sangue congelasse em suas veias. Aqui está presente a imaturidade tóxica, primeiro para a própria pessoa que, ao chegar a um ponto crucial, não consegue se harmonizar com o fluxo vital, e, sim, quer parar o tempo na juventude eterna. Por isso mesmo, começa imediatamente a se deteriorar, como a água parada de um poça, é a morte em vida. Por isso, os zumbis e os vampiros precisam se alimentar de pessoas vivas, para que por alguns minutos se sintam também vivos; quando extraem a última gota de sangue, ou sugam o último miolo, a vítima é largada envelhecida, esgotada; e essa ainda é a melhor alternativa, pois existe a possibilidade de tornar-se mais um predador. São seres que pertencem ao mundo das sombras, tanto subjetivas quanto objetivas.

As representações mais pavorosas desses seres funcionavam como um alerta. Os contos que preservam seu valor e função psicológicos, apresentam um ser estranho e sombrio que, por mais que procure disfarçar sua natureza e suas intenções, não engana os ouvintes nem espectadores, embora sempre iluda algum personagem incauto ou muito inocente da história, que não tem o instinto de preservação plenamente desenvolvido.

Em 2010, participei de um evento de pré-lançamento do icônico *Livro vermelho*, de C. G. Jung. Naquela época, a comunidade junguiana aguardava ansiosamente por sua publicação no Brasil, afinal, tratava-se do famoso livro trancado em um cofre por quase cinquenta anos, até sua primeira

O JOVIAL E O IMATURO

publicação em 2009, a respeito do qual só ouvíamos rumores e trechos quase clandestinos. Confesso que me inscrevi no evento apenas para poder comprar o livro, sem prestar muita atenção ao programa, e eis que saí de lá abraçada ao querido exemplar de quase 5 kg[25] e com a inesquecível e inestimável lição de Carlos Byington na palestra "A espiritualidade e o arquétipo do vampiro". Ele não elegeu o drácula de Bram Stoker (1897) como a imagem do vampiro, e sim o de *Nosferatu* (1922), filme em preto e branco de F. W. Murnau. Um dos motivos da escolha foi justamente a representação originalmente repulsiva no filme de um ser das trevas em contraste com o elegante conde Drácula do romance. Em *Nosferatu* não há dúvida a respeito de com qual natureza de forças estávamos lidando e do sacrifício necessário para eliminá-las.

Mesmo assim, o sedutor e elegante conde Drácula, e até mesmo o vampiro Lestat, dos livros de Anne Rice, precursor da febre vampiresca que eclodiu no fim do século passado, ainda guardavam algo de sinistro na aparência, que arrepiava a espinha e ativava nossos instintos para ficarmos longe de sujeitos como aqueles. Acrescento a essa leva a vampira Miriam, interpretada por Catherine Deneuve em *Fome de viver*, filme de 1983.[26]

Mas eis que, em 2005, o mundo foi apresentado ao fofíssimo e adolescente vampiro Edward, da série *Crepúsculo*,[27] genro que toda mãe desejaria ter de tão bom rapaz que era. O fato de ser um vampiro, morto-vivo, que se alimenta de sangue, era mero detalhe. Ele podia até mesmo tomar banho de cachoeira em Paraty, algo inimaginável para um drácula que, como todo vampiro respeitável, precisa ir para o caixão quando o sol nasce. Um ser das trevas que se preze teme a suprema luz, que o mata. Quem sabe não era falta de protetor solar, na época: a tecnologia farmacêutica decerto fez a vida de Edward muito mais fácil, pois ele vai para a escola em dias nublados. Já não é um ser das trevas, se atreve a caminhar em plena luz do dia entre os vivos.

Não havia adolescente que não andasse com livros da série na mochila. Com isso, milhares de jovens tiveram os instintos de sobrevivência subliminarmente anestesiados. Quando ainda não nos tornamos individuados, somos levados pela maré do inconsciente coletivo, em que, atualmente,

72 VÍNCULO FANTASMA

prevalece o ideal de juventude eterna como modelo de vida, com muito dinheiro e, o principal, a possibilidade de burlar a morte.

O que antes constituía perigo e punição tenebrosos, ou seja, virar um morto-vivo, passou a ser desejável, todos torciam para que, no capítulo seguinte, a mocinha, Bella, se transformasse em vampira; aliás, era esse mesmo seu único objetivo de vida ou, melhor dizendo, de morte.

Na verdade, há na matriz arquetípica de tais histórias, o arquétipo do noivo-monstro, como nos contos "Barba Azul", "A Bela e a Fera" e no mito de Eros e Psiquê, como em tantos outros. Em sua origem, histórias desse gênero são representações dos ritos de passagem femininos para a vida matrimonial, em que a menina trava contato com a sexualidade e com o masculino, universos desconhecidos e assustadores, como se estivesse sendo entregue a um monstro, o marido, que a arranca do lar parental. Nos dias de hoje os compromissos assumidos adquiriram outros modelos, mas o arquétipo continua a se manifestar no inconsciente com outras formas.

Se compararmos um arquétipo a uma árvore, temos até certo ponto um tronco único, que começa a se ramificar em dois galhos, um representando o lado construtivo do arquétipo, e o outro, o destrutivo; nossa missão é estarmos conscientes o suficiente para reconhecê-los. De um dos galhos brotam os monstros que podem ser redimidos, um companheiro pelo qual vale a pena lutar. Seu estado monstruoso é reversível e revela as dificuldades de se adaptar a um relacionamento, que parece repulsivo e temeroso, pois representa também um tipo de morte e renascimento; o casamento é um rito de passagem. Aqui encontramos Eros, a Fera e a feiticeira Karabá, do maravilhoso *Kiriku e a feiticeira*,[28] além do mago Howl de *O castelo animado*, exemplos de animações que trabalham de forma cativante esse arquétipo. Vale lembrar também o conto da princesa sombria.[29]

Os respectivos pares desses "vilões" são de fato os heróis de cada história, pois sua luta consiste em não desistir de catalisar a transmutação daqueles que amam, e a persistência é recompensada com a volta do ser amado à humanidade, a quebra do encanto maligno, ou a dinamização do casal. O importante é que, como resultado de toda história desse tipo, haja a elevação rumo a um grau superior de desenvolvimento, podendo chegar à imortalidade divina.

O JOVIAL E O IMATURO

A grande heroína desse ramo é a princesa Sherazade de *Mil e uma noites*, que com histórias, coragem e paciência cura o rei Shariar de uma psicose.[30] Nesse caso, destaco a perspicácia e a coragem da princesa, que não entra desavisada ou iludida na relação. Seu grau de consciência e integridade são tais que a capacitam para transmutar o monstro e, embora saiba dos riscos, não entra em autoimolação. A cura ocorre por meio da atuação direta na psique inconsciente de histórias bem escolhidas, de paciência, de inteligência e também com a ajuda da irmã mais nova de Sherazade, Duniazade, que representa simbolicamente a *puella* luminosa que vive em Sherazade, e que a auxilia, apesar de a tarefa em si ser da mulher adulta. Uma grande psicoterapeuta, por assim dizer.

Pelo ângulo da psicologia junguiana clássica, o *hyerosgamos,* ou casamento interior, acontece quando conseguimos nos harmonizar, reunir e curar nossos pares de opostos complementares dentro de nós mesmos. É importante perceber que nessas histórias arquetípicas milenares, honrar a *anima,* ou o *animus,* rejeitada é exatamente o antídoto necessário para a perturbação e a cura da cisão.[31] Segundo as histórias citadas anteriormente, Karabá precisa de sua metade com força, coragem, honra e confiança, pois sua dor é a traição e a desconfiança, e Kiriku representa a pureza do *puer aeternus* em sua manifestação positiva. O mago Howl é um *puer aeternus* que precisa de uma *anima* idosa e sábia, a manifestação positiva daquilo que sintomaticamente busca em mulheres mais velhas dubiamente maternais, porém corrosivas, e Sophie é a "jovem idosa", seu oposto complementar.

A Fera é um *puer* que carece de empatia e de beleza interior e, por isso, vive escondido com sua rosa, a mais bela das flores, que surge em sua vida na forma humana como Bela, uma linda e sábia mulher, que chega quando ele está pronto. O rei Shariar, também atingido pela traição e pelo sentimento de desconfiança, precisa apenas de tempo interior para readquirir a confiança e assim não desejar matar sua *anima.* A princesa sombria[32] necessita do encontro com o luminoso que faltou em sua concepção, pois ela é fruto da sombra reprimida dos pais, o que lhe é trazido pelo logos sagrado do terceiro filho de um soldado.

Nos mitos e contos de fadas os exemplos são muitos. E levam firmemente a crer que, quando não resolvemos nossos fantasmas e casamentos internos, eles parecem se materializar no mundo real para exigir a integração da consciência. Enquanto não compreendemos isso, repetiremos relacionamentos corrosivos atrás de relacionamentos corrosivos com a ilusão de que na tentativa de curar o outro tal cura reflita a nossa própria. Mas, na verdade, ninguém pode mudar o outro, no máximo é possível mudar a pessoa do espelho olhando bem no fundo dos seus olhos. Só quando estamos minimamente equilibrados com nossos complexos internos conseguimos oferecer algum equilíbrio ao outro.

Para realizar essa empreitada mar adentro e salvar alguém, precisamos nadar mais do que bem. Para conseguir atravessar o canal da Mancha, devemos estar certificados com louvor pelo curso de salva-vidas do corpo de bombeiros. Se não for assim, estaremos nos envolvendo no *abraço do afogado* dos imaturos corrosivos.

Voltando à nossa árvore, no outro galho, o destrutivo, brotam Drácula, Barba Azul, Dorian Gray[33] e Heathcliff, os que exibem características narcisistas e psicopáticas, mas também de versões mais "leves", dos neuróticos incuráveis, como Macunaíma e o boto cor-de-rosa das lendas amazônicas.[34] Ah! Não podemos nos esquecer de incluir o André. À primeira vista, todos são tão ou mais charmosos que os do galho positivo, porém, como já foi dito, há algo no fundo de seus olhos que faz gelar os ossos e arrepiar a espinha. Ainda assim, conseguem algumas presas incautas que não têm capacidade de enxergar a natureza demoníaca. Geralmente, aqueles que ainda não aprenderam as lições de discernimento instintivo entre o bem e o mal, ou que, por razões elaboradas ou ingenuidade, afirmam que o mal é uma realidade circunstancial para todos, são as vítimas mais frequentes.

Escutar tais histórias alertam a psique e ativam registros antiquíssimos nos instintos mais elevados, os arquétipos,[35] fazendo com que a consciência se aproprie desse material e o use como instrumento de sobrevivência para discernir uma coisa da outra. Não é tarefa fácil, mais uma vez precisamos ter clareza a respeito da natureza das coisas e íntima ligação com a intuição.

Discernir, como vimos, não é fácil, e para complicar mais a situação surge um estranho broto entre os dois galhos, que chamamos de destrutivos bem-intencionados, resultando no monstro bonzinho que não precisa ser

O JOVIAL E O IMATURO

redimido de nada, porque é perfeito; seu par, porém, sem perceber, torna-se refém de seu mundo subterrâneo, que interrompe o fluxo de vida e movimento. O vampiro Edward é um exemplo. Ele confunde, à primeira vista, pois tem muito de *A Bela e a Fera*, inclusive o nome do personagem, mas é um agente da morte como os outros.

Em *Crepúsculo* a vida eterna adquirida pela protagonista tem tons pálidos que lembram a imortalidade conquistada por Psiquê. Mas, enquanto Psiquê se torna divina, Bela ao contrário se torna mais uma criatura das trevas. É o ápice da falta de compreensão e sentido de vida, em que o objetivo, mais uma vez, passa a ser permanecer eternamente imortal, jovem, rico e atado à matéria. Por mais que em umas das falas o personagem, muito bem-intencionado por sinal, alerte a amada de que sua vida é uma tortura, não convence nem a ela nem a nós. São como os heróis e heroínas que descem ao Hades e ficam por lá.

Não tardou muito e do ramo dos "bem-intencionados" nasceu outra série de estrondoso sucesso, *Cinquenta tons de cinza*. Escutei muitas mulheres inteligentes que de manhã defendem a igualdade de gênero, à tarde afirmam que a Lei Maria da Penha é uma conquista e à noite sonham ardentemente em ser espancadas e violentadas pelo rico e belo Christian Grey. Existem impulsos no inconsciente que são completamente desconhecidos pela consciência e levam ao caminho contrário daquilo que racionalmente é almejado, causando sofrimento e estagnação na vida objetiva.

Como resultado, criamos uma geração com poucos anticorpos psicológicos para se defender dos perigos, e com deficiência de discernimento, pois as mensagens enviadas são truncadas e contraditórias, registrando no inconsciente que "Cada um precisa de um monstro para chamar de seu"; caso contrário, não tem graça. Essa pode ser uma das programações ocultas que atormentam aqueles que buscam se libertar de padrões de relacionamentos abusivos.

Ainda lembram da Bárbara? Ela é uma pessoa infinitamente mais profunda do que serei capaz de descrever aqui, mas, simplificando muito a sua história, o pai que tanto amava era um adicto, que, depois de inúmeros problemas causados pela bebida, que envolveram inclusive episódios de agressão física, havia se redimido. Cabia a ela agora a missão de seguir o exemplo da mãe, encontrar seu próprio monstro para redimir e assim obter admiração, gratidão e amor eterno. Se alguém acredita que chegamos a essa conclusão no mesmo dia, está enganado; que ela resume toda a complexidade do sintoma, enganado novamente; e que, ao tocarmos nessa questão, ela se curou como mágica, está mais enganado ainda. Nem todo feitiço é desfeito com algumas palavras, principalmente quando falamos de adicção, que nem sempre é de substâncias, jogos de azar ou sexo. Alguns padrões afetivos podem ser formas de adicção. Talvez esteja aí a diferença daqueles que vencem os dragões ou são devorados por eles: grandes heróis não buscam por problemas, eles apenas não recusam o chamado do universo. Isso faz toda a diferença.

OUTROS VÍNCULOS DO FANTASMA: FAMÍLIA E AMIZADES

Embora nosso foco sejam os relacionamentos amorosos, o comportamento imaturo, que tem seu extremo de liquidez na vida de caráter transitório, não existe de forma isolada apenas nos relacionamentos afetivos. Há também a extensão do comportamento no âmbito familiar e das amizades, principalmente em relação a uma repetição de padrão ou movimento compensatório.

Muitas vezes, o que leva alguém a permanecer imaturo é a dificuldade de se considerar um ser adulto fora da tutela familiar e do lugar de somente filho. Portanto, existe a possibilidade de o indivíduo ter a família de origem como grande referência, pois é improvável que forme uma; quando o faz, há boa chance de transformá-la em apêndice do núcleo parental, como se filhos e netos fossem todos filhos da matriarca e/ou patriarca, sendo até comum compartilharem a mesma casa por longos períodos ou tutelados amplamente pelas figuras adultas. Mas também existe a possibilidade de que, em certo momento, o fluxo de energia vital, que deveria ser direcionado a novas construções pessoais, se volte para a família de origem, com papéis invertidos: o filho se torna completamente responsável pela casa dos pais, que passam a ser "seus filhos" muito antes de uma necessidade efetiva

O JOVIAL E O IMATURO

decorrente de idade avançada. Há uma espécie de pacto entre ambas as partes nesse arranjo regredido. É um movimento próprio retroalimentado pelos pais e filhos que enfraquece muitos relacionamentos.

Porém, na forma mais extrema de imaturidade, qualquer tipo de responsabilidade, mesmo em relação ao lar parental, é negada. A tendência é justamente se afastar ao máximo de qualquer ligação que possa acarretar algum compromisso, mesmo o "dever" de dar notícias. Algumas pessoas podem desaparecer por períodos longos e, talvez, mandar uma mensagem de Natal apenas para dizer que estão vivas, acreditando estarem fazendo uma grande concessão.

O mais comum, no entanto, é que encontremos formas híbridas desses modelos de relacionamento com a família de origem, em que o *puer*, de uma forma ou de outra, permanece focado no apego a ela ou na repulsa total de responsabilidade emocional para com ela. São dois extremos de desequilíbrio que se tocam. A energia familiar permanece fixada no núcleo de origem, em um polo ou em outro, esse é o diferencial para reconhecer tais casos.

Porém, os seres humanos naturalmente em algum momento, de alguma forma, buscam apoio e afeto. Poucos se recusam terminantemente a qualquer tipo de contato. Principalmente no caso de afastamento da família de origem, é comum que os amigos adquiram relevância maior, pois recebem parte da energia familiar que não fluiu para a sua própria ou que refluiu para a de origem. É um rearranjo natural para estabelecer sentimento de pertença, criando a sua tribo por afinidade.

Quando somos adolescentes e fazemos cursos fora de casa, ou adentramos em círculos mais amplos da vida, é normal apresentar o mesmo tipo de comportamento, estimulado em fraternidades, grupos de ajuda humanitária, atléticas, bandas de música etc. Muitas dessas amizades perduram o restante da vida e são muito importantes, formam uma rede de apoio, sendo uma extensão dos laços familiares. A diferença é que para o *puer* os amigos se cristalizam como principal origem de pertença. É uma solução eficiente, pelo menos por um bom período em vários aspectos, porém, talvez seja mais vantajosa para o *puer* do que para os demais.

Embora ele possa ser bastante leal em diversos momentos, o que no fundo o faz colocar todas as suas expectativas em relação a afeto e suporte em suas amizades em vez de nos familiares, é fato que o vínculo dessa natureza pode facilmente se dissolver e se tornar transitório sem grandes problemas. Amigos têm laços de afinidade, e as afinidades podem mudar durante a vida. Pessoas com as quais se tinha no passado um vínculo forte por afinidade podem ser substituídas por outras que estejam em maior sintonia com o novo momento.

Não que os amigos sejam descartáveis, mas certamente não demandam compromisso e responsabilidade definitivos. Eles podem se afastar sem que isso signifique necessariamente um rompimento. É comum alguém adiar os planos de morar fora por causa dos pais, irmãos, filhos e, muitas vezes, cônjuges, mas dificilmente do amigo.

Caso um amigo venha a precisar, por causa de uma doença, por exemplo, excessivamente de dedicação, o *puer* vai manter um cuidado secretamente calculado e, se a situação perdurar por toda a vida, muito provavelmente não será ele a dedicar a sua própria ao amigo, pois é o que sempre evitou.

O que poucos percebem é que os amigos também têm a prerrogativa de fluidez. Eles farão novos laços e até mesmo vínculos mais consistentes, que passam a ser a prioridade, mesmo que tenham surgido depois. Uma pessoa que já tem filhos, por exemplo, dificilmente deixará de priorizá-los a favor de um amigo, por mais que o ame. Pode ser que, a longo prazo, o *puer* tenha muitos amigos, mas não seja a prioridade de ninguém. Talvez essa seja a definição do sentimento de solidão profunda em meio à multidão.

A VIDA PROVISÓRIA E A VIDA A SER VIVIDA

Um dos aspectos mais presentes no *puer* que se recusa a assumir responsabilidades é a permanência na vida provisória em detrimento da vida a ser vivida. A felicidade, a satisfação, o trabalho dos sonhos e o par perfeito estão sempre em um lugar no futuro, nunca no presente. Por isso, sempre que a possibilidade de fincar raízes se apresenta, não é vista como ganho, mas como ameaça, como sacrifício às eternas coisas ainda não vividas.

O JOVIAL E O IMATURO

Tudo vai sendo empurrado para o futuro, para quando aquele alguém especial, que não despertará dúvidas, chegar. É também comportamento recorrente "empurrar" para o passado, se arrepender de não ter reconhecido o valor de alguém quando vê pela rede social que a fila andou, por exemplo. A "vantagem" é justificar o estado das coisas por causa do amor perdido, assim como culpar os pais pelos infortúnios da vida, mesmo após os 40 anos. A responsabilidade nunca é dele próprio.

> É difícil imaginar que este mundo tão rico seja demasiado pobre para poder oferecer um objeto ao amor de uma pessoa. Ele oferece possibilidades infinitas para todos. É, ao contrário, a incapacidade de amar que priva a pessoa de suas possibilidades. Este mundo é vazio somente para aquele que não sabe dirigir sua libido para coisas e pessoas e torná-las vivas e belas para si. O que nos obriga, portanto, a criar um substitutivo a partir de nós mesmos não é a falta externa de objetos, e sim nossa incapacidade de envolver afetivamente alguma coisa além de nós.[36]

Algumas pessoas podem pensar que, no fim das contas, como a imaturidade corrosiva e o vínculo fantasma são fenômenos que afetam "apenas" a vida afetiva, talvez não sejam particularmente danosos em outros âmbitos, como a vida profissional, o convívio social e o planeta.

Embora seja verdade que um *puer* possa demonstrar sua face imatura apenas nos relacionamentos afetivos, não é preciso muito para constatar que esse tipo de comportamento vem sendo cada vez mais comum em diversas áreas, exigindo atenção e, por vezes, causando desequilíbrios cada vez mais frequentes.

Uma das coisas mais difíceis para um *puer*, além de assumir compromissos, é desistir de seu lugar "especial" e virar mais um, com direitos e deveres a serem conquistados. E, por mais afetivos que seus superiores e líderes sejam, não podem lhe devolver o mesmo reflexo de príncipe ou princesa com o qual está acostumado e fatalmente identificado. Por isso, é comum ter problemas com autoridades, alegando que não enxergam seu valor ou que são carrascos insensíveis, levando tudo para a esfera pessoal mais do que seria

80 VÍNCULO FANTASMA

a justa medida. Até que o ciclo se reinicia e ele parte em busca do próximo trabalho, da próxima oportunidade, que será, enfim, perfeita.

É como a história do agricultor que desejava se casar com uma bela jovem e ganha de uma divindade uma semente dourada reluzente, a mais bela que um mortal já havia vislumbrado na terra. Estar de posse dela faz com que todos na aldeia saibam que ele havia sido agraciado pelos deuses.

A pedido da divindade, a semente deveria ser plantada na lua nova, porém o agricultor se recusa, pois várias outras jovens, sabendo de sua posse, se amontoam à sua porta. Ele pensa que, se ficar com a semente, poderá escolher uma noiva melhor que a sua, e assim o faz. Desolada com tal comportamento, a noiva resolve se casar com outro e a situação se repete com várias outras pretendentes.

Para o agricultor, aquela terra não era digna da semente dourada, o que o faz partir em busca de terras mais férteis que realmente merecessem a sua semente, permanecendo na eterna busca pela melhor terra. Até o dia em que, ao abrir a bolsa, percebe que a semente havia apodrecido. Seus campos ficam secos e a terra empobrece enquanto ele adora a semente. A divindade então ordena a um pássaro que entre na casa do homem e coma a semente, pois o rapaz não havia sido digno dela ao se negar a deixá-la prosperar. No fim, o homem morre pobre e sozinho.

NEM TUDO QUE SOME É FANTASMA

Em 2002, visitei com meu marido e meu filho, que na época tinha apenas 1 ano, uma aldeia indígena Krahô, onde permanecemos alguns dias para gravar o documentário *A visão do Xamã*.[37] E, ao menos nessa época, as mulheres não eram dadas a conversar com homens estranhos, então passei grande parte do tempo com elas, ouvindo histórias do dia a dia, principalmente sobre dois mitos. Um deles, do herói TirKrê, consta no documentário, já o outro, contado pela venerável anciã d. Lúcia, ficou guardado principalmente em minha memória.[38]

Quando os rapazes solteiros alcançavam a idade de se casar, tinham que sair da casa dos pais e dormir ao relento no meio do pátio da aldeia.

O JOVIAL E O IMATURO

Quando arrumavam uma esposa, podiam se mudar para uma casa, mas não antes. Aconteceu que um desses rapazes acabou ficando sozinho no meio do pátio, pois todos os seus companheiros haviam conseguido uma esposa, menos ele.

Lá do alto, uma estrela olhou o rapaz e se compadeceu dele. Decidiu então que desceria para a terra para se casar com ele. Enquanto dormia, o rapaz sentiu algo pressionando as suas costas, quando olhou viu que era um sapo, e o espantou para longe. Voltou a dormir, e novamente sentiu algo nas costas. Já com raiva, lançou o sapo com ainda mais força para longe, mas desta vez o animal reclamou, dizendo que não o devia tratar daquela maneira, pois estava ali para se casar com ele e assim tirá-lo do relento.

Nesse momento o sapo se transformou em uma linda mulher, e se apresentou como Katxekói, a Mulher Estrela. Fascinado, ele aceitou se casar com ela. Mas ela tinha uma condição: por ser uma estrela, ele deveria zelar por ela garantindo que ninguém a visse. De dia teria que ficar escondida, mas de noite apareceria para ficar com ele. Os dois tiveram então uma ideia, o rapaz pegou uma cabaça que lhe pertencia e Katxekói se encolheu para ficar escondida dentro dela.

Tudo ia bem, até que eles começaram a sentir fome e o marido ofereceu pau-puba para a Mulher Estrela comer. Ela reclamou dizendo que aquilo não era uma boa refeição, e levou-o a um local onde crescia milho e mandioca, entre outras coisas. Ela lhe ensinou a plantar e a preparar os alimentos, e ele, por sua vez, ensinou aos seus parentes, de modo que agora a aldeia toda se alimentava melhor e não havia mais fome, graças à Mulher Estrela.

Ela permaneceu oculta, carregada na cabaça de dia e livre durante a noite. Muitas pessoas perguntavam o que tinha naquela cabaça que ele sempre carregavá para cima e para baixo, e ele nunca respondia. Perguntavam também por sua misteriosa esposa que ninguém via, mas ele não dizia nada. Mas um dia, ao amanhecer, o marido, descuidado, saiu para trabalhar e deixou-a em casa dentro da cabaça. Alguns homens viram que ele estava sem a cabaça e correram até sua casa e, quando abriram o recipiente, encontraram a Mulher Estrela e a violentaram. Indignada tanto com o descuido do marido quanto com a violência dos homens da aldeia, ela preparou mingau com uma planta venenosa durante a noite, e serviu aos seus algozes, matando-os, mas outras pessoas da aldeia também acabaram ingerindo o mingau. Quanto ao marido, abandonou-o subindo de volta aos céus para nunca mais voltar, pois ele não era digno dela.

É um mito extremamente rico que pode ser examinado de alguns ângulos,[39] mas no contexto deste livro quero falar a respeito de um aspecto específico: o motivo arquetípico do mortal que não consegue manter o compromisso assumido com um ser divino, de modo que o deixa vulnerável a ataques e humilhações. O que leva a crer que não sabe reconhecer o devido valor daquilo que se apresentou em sua vida, e, em consequência, perde o ser precioso e as bênçãos que ele trazia. É um tema muito comum em diversas tradições, como no conto de origem europeia da Melusina e o nórdico selkie "Pele de Foca", por exemplo.

Bem, lembremos que tanto Eros quanto Katxekói subiram aos céus quando foram decepcionados por seus companheiros, porém, apesar dessa semelhança, é comum o ouvinte ser solidário com Psiquê, a que fica, assim como com Katxekói, a que vai. E no caso do mito Krahô, é pouco provável que alguém não compreenda sem julgamentos o fim reservado aos algozes da Mulher Estrela, e talvez ainda achem que simplesmente ter abandonado o marido foi uma pena branda ao considerar as consequências terríveis que seu descuido acarretou a sua companheira. Com isso, quero dizer que nem toda desobediência é boa ou ruim em si, dependerá de um contexto.

Faço questão de elucidar esse ponto, porque, desde que comecei a expor o fenômeno do vínculo fantasma, recebi diversas manifestações de pessoas que não tardaram em classificar imediatamente aquele que vai embora como sendo o imaturo, o vilão, o fantasma. Quando, na verdade, percebiam com alguma nitidez que o parceiro ou parceira tinham, sim, voado para longe por reconhecerem que aquele ou aquela que ficou na terra não era digno do que havia sido oferecido, em geral uma dedicação sincera e nutridora, como no caso de Katxekói. Nem todo aquele que se retira é o *puer* fantasma.

Antes de continuar, é preciso esclarecer outras situações: É comum sair machucado do término de um relacionamento, mas nem por isso quem

O JOVIAL E O IMATURO

anuncia o fim é necessariamente um *puer* fantasma. Todo mundo tem o direito de terminar relacionamentos e, muitas vezes, a pessoa o faz de forma repentina por inúmeras razões e sem tato algum, mas isso não faz de ninguém um *puer* fantasma.

É também verdade que há quem projete uma profundidade de relacionamento que no fim das contas não existiu e, ao ver seus planos e projeções frustrados, acusa o outro com convicção de tê-lo feito vítima de um relacionamento fantasma quando, na verdade, quase nada aconteceu. Cláudio, um de meus pacientes, passou por uma situação desconcertante. Ele e Carolina se conheceram em um acampamento, por meio de uma amiga de seus amigos. Os dois conversaram bastante, descobriram alguns interesses em comum, entre eles a poesia. Nada aconteceu naquele momento. Cláudio foi embora, mas logo começou a trocar mensagens com Carolina, que lhe enviava poemas.

Encorajado pelos amigos, voltou especialmente para vê-la, assim teriam oportunidade de se conhecer melhor. Mas, assim que chegou, viu que da parte dele tudo o que queria era amizade. Foi franco com ela e voltou para o Rio. Para sua surpresa, percebeu um tratamento diferente e um olhar atravessado da parte dos amigos, principalmente das amigas. Depois veio a saber que Carolina se queixou em lágrimas de que ele a enganara, de que se aproveitara dela e simplesmente tinha ido embora sem dar a menor satisfação. Na verdade, a coisa mais concreta que havia acontecido entre o suposto casal foi um único beijo.

Então, antes de sair classificando qualquer término como fruto de um vínculo fantasma, há alguns critérios a serem observados; caso contrário, qualquer um que não desejar o rompimento vai se tornar uma vítima, e não é bem assim.

OS FANTASMAS PASSIVOS

Enfim, encontrar sempre um *puer* para salvar não leva a nada, faz com que a pessoa seja tão neurótica quanto o seu par complementar. E mais uma vez lembrando que em muitas ocasiões, mais do que gostaríamos de acreditar, concretizamos fora as nossas questões internas ainda pendentes, pois essa seria a única maneira de entrar em contato com elas.

Por estarem muito escondidas na parte mais intensa da sombra, dificilmente conseguimos compreender ou suspeitar que aquele padrão na verdade é interno, que temos acionado dentro de nós uma frequência que capta aquilo que está em sintonia com ela. Escolher sempre pessoas com esse perfil pode esconder um *puer* fantasma passivo no inconsciente ainda mais agressivo, aquele que não quer se relacionar também, que não quer crescer e escolhe ser a vítima. Porém tampouco o Eu de um *puer* passivo tem a capacidade de admitir que essa é a questão, e jamais poderia ser visto, ou vista, como uma pessoa que abandona.

Portanto, a única maneira de garantir o estado de *puer*, sem ônus para a própria imagem pessoal ou social, é ser abandonado sempre. A motivação também pode ser outra: conquistar e domar aquele que ninguém antes conseguiu, nesse caso falamos de orgulho e jogo de poder, em pouco tempo aquele "animal" domado já não valerá muito, pois não é mais um desafio. Esses são investimentos neuróticos estéreis, dignos de um *puer* ou *puella* Casanova disfarçado de Madre Teresa para si mesmo.

A VÍTIMA E O PREDADOR

Quando se trata de relacionamentos predatórios, precisamos ter em mente que há dois pontos de vista, afinal o *puer fantasma* só manifesta seu comportamento nocivo ao se relacionar com um outro indivíduo. E a maior parte das pessoas interessadas nesse tema não é exatamente o *puer*, mas sim "o outro indivíduo" que, por algum motivo, entrou em um relacionamento com ele e saiu, em menor ou maior grau, profundamente machucado e, mais do que isso, atordoado.

Quanto a quem rompe um relacionamento sem muito tato, uma das razões pode ser inexperiência, comum entre pessoas realmente muito jovens, que estão iniciando a vida amorosa. Mas, quando se trata de um comportamento recorrente durante a vida afetiva, de uma pessoa que já

O JOVIAL E O IMATURO

passou da adolescência, por exemplo, é um padrão preocupante: pode sim ser um predador disfarçado de cordeiro.

Não sou propensa a reforçar o lugar de vítima, acredito que precisamos sair desse lugar para que algo aconteça, o que não significa que em determinado momento a pessoa não tenha sido vítima, e o fato deve ser reconhecido. O primeiro ponto a se observar é que, quer saiba ou não, a vítima sempre tem algo de valor a ser usurpado, algo do qual ela tem pouca ou nenhuma consciência ainda, como: beleza, inteligência, talento, bons relacionamentos, dinheiro, alegria etc. Quanto menor for a consciência de seus atributos pessoais, mais fácil será se deixar levar, considerando-se alguém de sorte por ter sido escolhida por um ser tão encantador.

Mas a verdade é que a imaturidade corrosiva não é facilmente identifi cável. Quem suspeitaria do ingênuo e belo rosto do personagem de Oscar Wilde? Em sua obra, *O retrato de Dorian Gray*, o protagonista, por meio do pacto com uma força demoníaca, consegue manter a beleza e a juventude eternas enquanto seu retrato envelhece e apresenta as marcas de todas as piores vilanias e excessos mundanos que ele comete através dos tempos. Como não quer que o retrato fique à vista dos outros, e dele mesmo, Dorian Gray o esconde no sótão.

O autor inglês deixa a semelhança com o *Fausto*, de Goethe, bem evi dente, tanto pelo pacto diabólico quanto pelo primeiro grande delito ser idêntico ao do protagonista do livro do autor alemão: seduzir e abandonar uma jovem grávida, que, desesperada, comete suicídio, e em seguida cau sar a morte do irmão dela. A marca da imaturidade corrosiva está bem delineada: abandono, egoísmo e fuga de qualquer responsabilidade que cause privação dos prazeres ininterruptos. O retrato de Dorian envelhece em seu lugar, é a sua alma sombria relegada ao inconsciente que, em al gum momento, será encarada. Mas, antes disso, já terá causado estragos inimagináveis

A presa mais frequente é a pessoa que tem o *puer*, ou *puella*, na sua sombra. Em algum momento, a criança divina não foi assimilada corretamente e, em vez de ser um complexo auxiliar, com o qual se estabelece um bom convívio e diálogo, simplesmente é relegado ao cantinho escuro da sombra, pois a vida não o contempla mais.

Às vezes, a pessoa vive em ambientes monótonos, previsíveis e sem emoção, aos quais precisa se adaptar. Indivíduos nessa situação sofrem de fome de vida. Eis que, um belo dia, topa com o *puer* em suas vestes reluzentes, oferecendo uma bela aventura e a promessa de uma vida cheia de emoção.

É então quase impossível resistir, a não ser que tenha maturidade e instinto forte para perceber que há algo errado, e que nem tudo que reluz é ouro. É preciso ser como as irmãs mais velhas da noiva do Barba Azul, não sufocar a própria intuição em prol do desejo de acreditar em uma bela ilusão. "Hum... Ele parece irresistível, mas a barba continua sendo muito azul e estranha!" A paixão não deixa os sentidos muito apurados, é o arrebatamento provocado pelas flechas do cupido. A paixão pelo *puer* também é uma projeção da vítima de conteúdos imaturos no inconsciente direcionados ao *puer*, provavelmente da *anima* ou do *animus*.

Pessoas com tendências de cuidadoras se sentem frequentemente atraídas pelo *puer* e para ele, pois inspira cuidados. O *puer*, por sua vez, busca alguém em quem possa projetar as características maternas ou paternas que sustentem o reflexo idealizado do mundo da infância. Tal projeção, ao contrário do que se possa imaginar, independe da idade de ambos. O *puer* não enxerga o indivíduo, só se relaciona com ele mesmo e com suas fantasias.

O outro receberá alguma atenção enquanto for uma tela adequada para as projeções necessárias. Quando se aproxima e mostra a sua face humana, ou pior, entra no sótão onde está o retrato de Dorian, ou no quartinho do porão onde estão as esposas assassinadas do Barba Azul, ele mesmo é morto, não sem antes presenciar a frieza ou a ira do ser que antes parecia tão encantador. O *puer* detesta que vejam sua verdadeira face, que lancem luz em sua sombra, assim como não sustenta a sombra do outro.

Assim que completou 18 anos, Érika largou os estudos e saiu de casa para, como ela mesmo disse, ser livre. Passou a viver de pequenos trabalhos aqui e ali, morando temporadas nas casas dos amigos que considerava mais que a família, mudando de cidade sempre que podia. Um dia conheceu Enzo, que, ao contrário dela, levava uma vida aparentemente estável em diversos campos e assumia de bom grado compromissos profissionais e familiares.

O JOVIAL E O IMATURO

Embora ninguém acreditasse que isso pudesse acontecer, iniciaram um relacionamento. Tudo ia tão bem que decidiram se casar.

Érika, porém, impôs condições: ele jamais deveria tolher sua liberdade de forma alguma. Enzo aceitou sem problema, acreditando que era uma questão de tempo para que ela se habituasse a outro estilo de vida. Mas, na verdade, quanto mais o tempo passava, mais longe ela estava do que ele esperava de uma companheira.

Érika o excluía dos programas que fazia com seus amigos, e evitava estar com os amigos e familiares dele, alegando que cada um precisava de seu próprio espaço. Acreditava que o fato de sempre voltar para casa já era o suficiente para caracterizar um compromisso. Durante alguns anos, Enzo fez o possível para manter a sua palavra, mas começou a ficar impaciente e pediu que ela priorizasse mais o relacionamento. Érika o acusou de quebrar a promessa, e os desentendimentos começaram. Um dia Enzo perguntou se ela pretendia ter filhos, mas não obteve resposta. Uma semana depois, Érika literalmente colocou a mochila nas costas e não olhou para trás.

Não é fácil falar da vida de seres humanos de carne e osso em pouquíssimas linhas, sempre se perde a complexidade Katxekói por trás dos fatos. Embora Érika seja uma *puella* fantasma clássica, Enzo, a sua maneira, também o era, provavelmente por isso se sentiu atraído por ela. Alguns relacionamentos possuem a missão dolorosa de nos colocar frente a frente com as nossas sombras. Ele havia sido o fantasma na vida de outras pessoas. Esse foi o primeiro compromisso afetivo que assumiu com alguém, embora o fizesse em outros campos da vida.

ERRAR É HUMANO, PERSISTIR NO ERRO É PREOCUPANTE

Quem nunca caiu em algum tipo de arapuca por ingenuidade e/ou fragilidade? Faz parte dos aprendizados da vida conseguir levantar e correr para longe desse tipo de experiência, mesmo que, aos trancos e barrancos, necessitando de um bom tempo para emendar os ossos e curar as feridas. O ganho é a experiência.

Porém, nem toda pessoa que atravessa uma situação assim, adversa, aprende a lição. Infelizmente, é comum uma pessoa que, como padrão, nem bem sai das garras de um *puer* predador já entra nas de outro. O problema sempre se mostra nos padrões destrutivos que se repetem, como uma prisão, como se a pessoa não conseguisse aprender ou ressignificar os acontecimentos, quase impelida inconscientemente aos mesmos erros de relacionamento.

Seria no mínimo crueldade dizer que a pessoa deseja conscientemente manter padrões de escolhas infelizes. Há a configuração de um padrão de cisão neurótica, em que o consciente tem um desejo e o inconsciente, outro. Nesses casos, o objeto de afeto está internamente distorcido; contra isso, os argumentos racionais não têm força suficiente, pois as programações do inconsciente são infinitamente mais poderosas.

O predador externo, infelizmente, é a materialização do predador constelado internamente. Hermes Trismegisto[40] já dizia que "o dentro é como o de fora". Podemos pensar muito a respeito dessa máxima. Edward Edinger, escritor e analista junguiano, é muito direto a respeito desse fenômeno.

> Esse é o estado de coisas com pacientes que apresentam problemas derivados da sombra dissociada de modo particularmente extremado. Essa sequência de acontecimentos não precisa ocorrer apenas num nível interior. Há grande probabilidade de que ocorra exteriormente, quando o estado psicológico interior constela o antagonista no ambiente do paciente, e esse antagonista ataca de fora e transforma a vida do indivíduo num inferno. Trata-se do mesmo fenômeno.[41]

Essa é a imagem do predador interno, que também inspira um doentio ideal de amor romântico que sempre será mais problemático do que a média e, por isso mesmo (vai entender!), visto como mais belo e pulsante. Ou seja, o indivíduo procura por emoção e sentido em uma vida monótona. Quanto mais monótona é a vida, mais brilha o *puer*. Ao menos nesse sentido ele entrega o que promete, o amor que não se realiza.

Outro aspecto para o qual desejo chamar a atenção é o congelamento ou a petrificação da vítima, que pode ocorrer como mecanismo de defesa

O JOVIAL E O IMATURO

caso uma honesta investigação dos padrões interiores seja negligenciada. Significa que ela não consegue reagir em prol da própria recuperação, passando a generalizações que a levam a afirmar que os homens, ou as mulheres, são assim, que hoje em dia é desse jeito etc.

Essas máximas não se sustentam, pois não podemos conhecer todos os homens e mulheres da face da terra. Logo, é uma sentença que, embora possa vir disfarçada de argumento lógico, brota de um complexo inconsciente ferido que dominou o eu. É claro que há uma epidemia de descompromisso que se alastrou como nunca, mas não há movimento na atitude generalista, só paralisação.

Outra paralisação pode ocorrer em formato diverso: a pessoa, presa nos padrões que não consegue modificar, decide permanecer sem se relacionar com absolutamente ninguém, assim, com certeza, não será mais vítima. Se fosse uma boa solução, não faria objeção, mas lembra mais a amputação dos pés da protagonista dos sapatinhos vermelhos que uma solução de fato. Há também quem resolva abraçar algum sacerdócio monástico celibatário para fugir de problemas ligados à sexualidade. Não costuma acabar bem.

Claro que devemos ser solidários e empáticos com quem, em algum momento da vida, foi vítima. Mas é importante o desejo de não permanecer nesse lugar perigoso de vítima. Sem isso, o poder continua nas mãos difusas de todas as pessoas do mundo. É na própria pessoa que reside o verdadeiro agente transformador de vida.

3
Amar e ser amado

O amor é como Deus: ambos só se revelam aos seus mais bravos cavaleiros.[1]

Carl C. Jung

Dos grandes mistérios da vida, talvez a capacidade de oferecer e receber amor seja o justo valor para mensurar a grandeza de uma alma humana. Os iniciados nessa arte não tomam nem suplicam por algo que sabem fazer brotar e fluir. Eis aqui uma chave, que é também um enigma.

Francamente, a maioria das demandas clínicas dos pacientes nos consultórios de analistas das mais diversas abordagens tem a ver, no fundo, com o quanto os relacionamentos que tecem na vida refletem, ou não, a quantidade suficiente de amor que justifique mantê-los. "Ser amado" é o anseio por trás de grande parte dos sintomas atuais.

Afinal de contas, não parece um problema tão grave assim. Não seria um bom desejo, um bom sinal?

Talvez, não fossem alguns detalhes importantes; e os segredos moram nos detalhes. A palavra "amor" e suas correlatas devem ser as mais ditas e escritas desde que o ser humano passou a ser capaz de se comunicar. Quando meus pacientes tocam na questão dos relacionamentos, muitas vezes pauso a conversa e pergunto: "Mas o que é o amor para você?" Invariavelmente, instala-se um silêncio. Um misto de dúvida e respeito solene por entenderem que se trata de algo cuja magnitude não cabe em uma palavra ou conceito. Descobrem que buscam algo que existe, mas sem saber ao certo o que é. No espaço dessa dúvida, parece que várias coisas são amor quando, na verdade, não passam de miragens no deserto.

Um outro detalhe está na frase "Eu quero alguém que me ame, que me faça feliz". Aparentemente, trata-se de um desejo muito nobre que não deveria causar nenhuma estranheza aos ouvidos. Claro, se não estivesse faltando o seu oposto complementar, o verbo "amar", sem o qual a afirmação se torna uma parcialidade corrosiva. Amar e ser amado é a única forma de almejar algum equilíbrio nos relacionamentos. Não é preciso muito para compreender que, quando todos estão em busca de receber algo que não estão dispostos ou aptos a oferecer, estabelece-se um paradoxo fatal. Se somarmos a isso o equívoco de crer que felicidade é prazer eterno, começamos a compreender a grave neurose coletiva que esteriliza os relacionamentos atuais, e um dos seus sintomas é o vínculo fantasma.

O eterno imaturo reproduz a dinâmica amorosa vivenciada por uma criança, uma experiência emocional a respeito da qual não há, da parte dela, responsabilidade ou necessidade de participação no processo. O amor é percebido como cuidado e doação incondicional do outro, mas nunca para o outro. É de esperar que, à medida que alguém evolui emocionalmente, haja apropriação e ressignificação dos relacionamentos; o amor passa a ser considerado algo que a pessoa se torna capaz de oferecer também, a princípio como troca e, em seu grau mais elevado, como fluxo. O amor, em um estágio mais consciente, estabelece vínculo, compromisso e confiança. Penso logo o quanto tais vínculos são libertadores; no entanto, sei também o quanto isso soa paradoxal. Pessoas mais talentosas tentaram explicar.

> O amor é bom, não quer o mal
> Não sente inveja ou se envaidece
> É um estar-se preso por vontade
> É servir a quem vence, o vencedor
> É um ter a quem nos mata a lealdade
> Tão contrário a si é o mesmo amor[2]

Mesmo com o auxílio de São Paulo, Camões e Renato Russo, ainda não parece fácil compreender o inefável, ali onde mora algo que simplesmente é.

Principalmente no seu aspecto de ser completamente livre para decidir espontaneamente ao que deseja se prender. Jung pode ajudar mais uma vez a compreender a questão explicando de outro modo.

> Assim também a solução do problema do amor exige o empenho do homem por inteiro, até seus limites. As soluções libertadoras só existem quando o esforço é integral. Todo o resto é coisa malfeita e inútil. Só se poderia pensar em amor livre se todas as pessoas realizassem elevados feitos morais. Mas a ideia do amor livre não foi inventada com esse objetivo, e sim para deixar algo difícil parecer fácil. Ao amor pertencem a profundidade e a fidelidade do sentimento, sem os quais o amor não é amor, mas somente capricho. O amor verdadeiro sempre visa ligações duradouras, responsáveis. Ele só precisa da liberdade para escolha, não para sua implementação, todo amor verdadeiro profundo é um sacrifício. (...)
>
> O amor tem mais do que uma coisa em comum com a convicção religiosa. ele exige um posicionamento incondicional, ele espera uma doação completa. E como apenas aquele que crê, aquele que se doa por completo a seu Deus, partilha da manifestação da graça de Deus, assim também o amor só revela seus maiores segredos e milagres àquele capaz de uma doação incondicional e de fidelidade de sentimentos. Como esse esforço é muito grande, só alguns poucos mortais podem vangloriar-se de tê-lo realizado. Porém, como o amor mais fiel e o que se doa ao máximo é sempre o mais belo, nunca se deveria procurar o que pudesse facilitá-lo. Só um mau cavaleiro de sua dama do coração recua diante da dificuldade do amor.[3]

Um dos textos mais conhecidos e, talvez, mais profícuos a respeito do amor é *O banquete*, de Platão. As suposições levantadas são todas pertinentes, visto que o amor, em sua inefabilidade, só pode ser definido pelos feixes de sua emanação que chegam até nós. Mas, talvez, o mais importante não sejam exatamente as definições de amor, mas simplesmente o fato de se perguntarem o que é o amor! Vejam que, ao formular uma questão como essa, não há dúvida da existência do amor; a questão gira em torno do que ele é. Nos nossos dias, a pergunta é se o amor existe! Tal questionamento denuncia nossa empobrecida situação emocional e espiritual, nossa carência e fome de relacionamentos verdadeiros em larga escala. Já me fizeram essa pergunta algumas vezes e eu sempre respondo que, sim, existe, ou não estaríamos falando dele. O pior mesmo foi quando ouvi afirmarem que o amor não existia como preconcepção e que eu concordaria com algo "tão evidente".

Não posso dizer que acredito no amor, pois acreditar significa dar crédito àquilo que não é diretamente perceptível, e, para mim, o amor é perceptível. Mesmo em meio aos momentos mais difíceis, vemos aqui e ali o amor brotando como as flores que crescem dentre as frestas das pedras dos muros. É muito mais que um sentimento, é a força que circula dentro e fora, e gera o sentimento no peito. É sístole e diástole, respiração e inspiração, o sangue nas veias, o sol que nasce e se põe, a tristeza que faz perceber o que é alegria, é dormir, sonhar e acordar no outro dia. É tudo o que dissolve e depura, é o que cura. É o milagre dos ossos quebrados que emendam. É o cheiro de um filho, o telefonema de um amigo, um cão para acariciar. Um sorriso de bom-dia, a capacidade de aprender, de sofrer e de cuidar para que ninguém mais sofra. É ouvir e contar histórias. É desistir de exigir do outro a perfeição. É a tranquilidade para dizer "não sei". É a honra de segurar a mão de alguém que se vai e de dar colo a quem chega. É poder recomeçar e ter um belo par de olhos para o inspirar. É a possibilidade de rezar e de escutar os sábios e os poetas. É o que nos torna mais humanos e, ao mesmo tempo, mais divinos.

OPOSTOS COMPLEMENTARES, A ORIGEM DE TUDO QUANTO HÁ

Só nos opostos é que a vida se acende.[4]

Carl C. Jung

Existe uma força na natureza que impulsiona a união de princípios opostos com algum grau de afinidade com o intuito de gerar uma nova unidade na qual estão presentes as características de ambos. Podemos dizer que essa

AMAR E SER AMADO

força é uma manifestação amorosa, já que um dos atributos específicos do amor é a união dos opostos. Não é à toa que Aristófanes conta a história dos seres redondos em *O banquete*.

Um dos conceitos centrais da psicologia analítica é a compreensão da psique como um complexo inteiro, porém composto por opostos complementares que acompanham em sentido análogo a máxima hermética "O de cima é como o de baixo", manifestando-se em diversas instâncias da vida, desde o átomo que compõe a matéria, os seres vivos, os ciclos da natureza, os elementos, os planetas e a psique. O movimento da vida só é possível pela existência desses dois polos primordiais e seu movimento de atração e repulsão, gerando incontáveis fenômenos químicos e físicos de transformação e adaptação da matéria.

Essa concepção foi sendo elaborada por Jung durante muitos anos e encontrou sua expressão máxima nos simbolismos da alquimia oriental expressa em *O segredo da flor de ouro*, com a existência do centro em torno do qual se movimentam o Yin e o Yang. A representação da estrutura atômica atual mostra uma imagem análoga, um núcleo com sua carga central de nêutrons e prótons de carga positiva e as mutáveis nuvens de elétrons de carga negativa que saltam pelo espaço, doando e recebendo, a dança geradora de tudo quanto há.

Na alquimia ocidental, os pares primordiais são representados frequentemente por Sol e Luna, Rex e Regina. Por serem energias opostas, porém complementares, não existe uma que seja superior a outra em nenhuma hipótese, pois, quando uma está sem a outra, elas perdem sentido e sua capacidade criadora. Essa razão simétrica se expressa no elegante símbolo circular do Tao e nas figuras dos manuscritos alquímicos que representam os elementos com a mesma proporção. Cada energia possui um caráter específico da unidade. Uma é doadora, gerativa, seca, solar e constante; outra é receptora, geradora, úmida, lunar e cíclica, por isso são comumente personificadas por figuras masculinas e femininas, respectivamente.

Outra imagem muito comum é a espada e o vaso do graal, representando as forças elementares do espírito e da alma, assim como as linhas macho e fêmea que compõem os hexagramas do *I ching: O livro das mutações*. Essa dança primordial encontra uma conexão e um paralelo com a nossa atividade cerebral, coordenada por neurotransmissores e seus receptores que se buscam e se acoplam perfeitamente. Continuando no campo biológico, esse é o princípio geracional dos seres vivos. Todos nós tivemos uma matéria gerada pela junção de igual proporção dos gametas femininos e masculinos de nossos pais.[5]

Existem muitos outros pares de opostos na psique e na natureza, Pitágoras já falava deles, pois os opostos são a origem da capacidade de discernimento; e a linguagem binária dos computadores é edificada também na identificação de opostos. Mas, nesse momento, vamos nos concentrar na sizígia *anima* e *animus*, pois é a mais relevante para o tema deste livro.

Costumo dizer que somos seres inteiros vivendo uma experiência de parcialidade e, nessa experiência, sentimos o desejo pelo outro traduzido em uma falta primordial que se manifesta na vida material e psíquica. De fato, podemos pensar em uma determinada autossuficiência psíquica já que há as duas substâncias dentro de nós. Mas aí é que está o bom humor do universo: só acessamos essa metade inconsciente com o auxílio do outro, como na parábola dos cotovelos virados.[6]

O amor é então a força primordial que engendra a união dos opostos, que se atraem não por serem idênticos, e sim pela diferença da semelhança. Mas para que o amor de fato se desenvolva em sua plenitude, é necessário que haja tempo. Todas as reações químicas, portanto, alquímicas, têm o fator tempo. Tempo para deixar que aquilo que pertence a um reaja com aquilo que é da natureza do outro, fazendo com que um novo elemento, que não é esse nem aquele, mas a união de ambos, possa se manifestar.

Nas gravuras alquímicas é frequente que essa imagem seja uma criança divina,[7] fruto do rei com a rainha, o casal alquímico, nascido após um longo tempo de maturação e fermentação da mistura. Se um não reage ao outro, se não doa nem recebe, se não transforma nem se deixa transformar, se entra e sai com as mesmas bagagens, então não houve nada. As verdadeiras relações transformam ambos que participam dela. Talvez seja esse o parâmetro ideal para sabermos se de fato existiu, ou não, algo verdadeiro entre duas pessoas.

PAIXÃO E ARREBATAMENTO

Onde o amor e a amizade inundam, com mão divina
de ventura, o peito. Ai, o que surge então no fundo
d'alma, o que os lábios a si murmuram tímidos, ma-
logrado por vezes, outras belo. Leva-o, devora-o rá-
pido o momento. Talvez que só depois de longos anos,
acabado e perfeito enfim pareça. O que só brilho tem,
dura um instante, o verdadeiro belo ao porvir chega.[8]

Goethe

Imaginemos uma bela noite de Natal, daquelas com um cenário mágico. Nossa atenção agora vai para uma criança que deve ter seus 8 anos de idade. Ela recebe uma caixa grande, linda, colocada aos pés da árvore; nunca recebeu algo tão grande e bonito. Mesmo sem saber o que tem dentro, seu coração já pula de alegria; mas vai verificar e não pode acreditar, perde o fôlego! É um filhote de cachorro! Tudo o que ela sempre pediu ao universo em suas orações.

Os pais se olham incrédulos, quase fulminando os padrinhos, mas não importa, não vão ter coragem de fazer nada. A alegria é sem par, agora a criança se sente completa com aquela criaturinha que tem uma fita vermelha amarrada no pescoço, é amor à primeira vista. Milhares de fotos são colocadas no Instagram e compartilhadas, é "like" que não acaba mais. Ela lhe dá um belo nome e o leva para dormir em sua cama, abraçada. É a imagem da plenitude e o prenúncio de uma grande amizade que irá durar toda uma vida.

A história poderia terminar por aí, certo? Mas vamos acompanhá-la mais um pouquinho. Página dois: de manhã, o filhote já fez xixi no tapete e outras coisas mais. A mãe diz que, já que quis o cachorro, vai ter que cuidar. E antes de sair com amigos, vai ter que limpar a bagunça, além de dar comida e já ir ao veterinário, pois faltam algumas vacinas. A criança está empolgada, tudo bem. Os amigos, animados, aparecem na sua casa para ver o filhote, é uma festa, todos acham que ele é lindo mesmo; ela se sente uma criança de sorte. Quando se arruma para sair e vai procurar o tênis novo que ganhou de Natal, constata que o filhote fofo o roeu antes mesmo que pudesse usá-lo a primeira vez. Já não está assim tão divertido...

Como é de esperar, depois de dois meses, a empolgação passa, os amigos não visitam mais, o filhote já está ficando grande e já não é mais tão fofinho assim. De modo que passa a ser muito chato ter que dar comida, levar ao veterinário e ir para a rua no mínimo três vezes, e ele não deixa espaço suficiente para ela na cama. E o pior de tudo! Ele é muito carente, quer atenção o tempo inteiro. O encanto terminou e o cachorro acaba indo morar na casa de campo dos avós, lá tem o caseiro para cuidar, e não vai ficar sozinho, pois tem o shih-tzu que a criança pediu no aniversário de 7 anos, o border collie de quando prometeu que ia passar direto na escola, e o golden retriever do Natal passado. Além do mais, o samoieda do amigo vai ter filhotes, e ele prometeu que lhe daria um, então é melhor ter espaço em casa.

Nesse exemplo quase ingênuo, os momentos vividos não foram legítimos, eram espectros, que desmaterializaram.

Considerar amor e paixão como sinônimos talvez seja o maior dos equívocos que impedem a existência e o florescimento do amor. De fato, o amor pode provocar um arrebatamento inicial ao finalmente encontrar algo de valor inestimável. Trata-se de uma alegria legítima pela presença do outro em sua potência humana como um todo, qualidades e defeitos. Esse arrebatamento também pode receber o nome de paixão. Mas o fato é que a projeção de complexos inconscientes também provoca uma empolgação muito semelhante, que também atende pelo nome de paixão.

É tão difícil distinguir uma da outra que apenas o tempo dirá do que se trata, e pouco tempo, devo dizer. Na projeção, a pessoa não se interessa pelo outro ser humano que encontrou, e sim pela paixão em si e pelas sensações de êxtase sublime que ela desperta, química e psicologicamente. Como um adicto, ela busca essa sensação, que se esvai assim que o outro começa a surgir como um ser humano real, rompendo a rígida máscara da projeção que lhe foi colocada. Nesse momento, a magia acaba. É preciso buscar a sensação em outro lugar.

O amor pertence a esse tipo de situação, com toda sua paixão e perigo. O amor pode suscitar forças insuspeitadas na alma, contra as quais seria melhor nos precavermos. O problema que se coloca aqui é o da "religio", que se propõe a "levar na maior consideração" os perigos e poderes desconhecidos. De uma simples projeção pode nascer o amor, com todo o peso da fatalidade: uma ilusão, um deslumbramento que poderiam arrancá-la do ritmo normal de sua vida. A sonhadora é colhida pelo bem ou pelo mal, por um deus ou por um demônio.[9]

A raiz desse engano vem de longe. Quer tenhamos ou não consciência do fato, o amor romântico foi incutido em nossas mentes como sendo o verdadeiro amor, porém não há nada mais equivocado, pois o amor romântico é aquele que não se realiza. Basta a constatação de que a história de Shakespeare, *Romeu e Julieta*, se tornou ícone da "verdadeira" história de amor. É a vida que é sacrificada no altar da paixão, e não a paixão no altar do amor. O sacrifício de dedicar uma vida ao amor é tido como vão e sem graça, vale mesmo é morrer jovem, sob a lápide da paixão, sinalizando que a união sublime acontecerá depois da vida, mas nunca na vida.[10]

Já o amor legítimo prossegue, vincula e labora. A ele se dedica tempo e paciência, mas seu valor não está na superfície, assim como os metais e as pedras mais preciosas são acessíveis apenas àqueles seres corajosos que se dispõem a viver em profundidade, pois os maiores tesouros estão misturados com a terra, nas minas ou nos campos lavrados.

O amor custa caro e nunca deveríamos tentar torná-lo barato. Nossas más qualidades, nosso egoísmo, nossa covardia, nossa esperteza mundana, nossa ambição, tudo isso quer persuadir-nos a não levar a sério o amor. Mas o amor só nos recompensará se o levarmos a sério.[11]

VÍNCULO FANTASMA

A PAIXÃO É A PRIMEIRA OFERENDA NO ALTAR DO AMOR

Todo amor verdadeiro profundo é um sacrifício.[12]

Sacrificamos nossas possibilidades, ou melhor, a ilusão de nossas possibilidades. Quando não há esse sacrifício, nossas ilusões impedirão o surgimento do sentimento profundo e responsável, mas com isso também somos privados da possibilidade da experiência do amor verdadeiro.[13]

Carl C. Jung

Na mitologia grega, Zeus rapta Europa disfarçado como um belo touro que chamou a atenção da princesa, leva-a para a ilha de Creta e com ela tem três filhos, que depois acabam sendo criados pelo rei Astério, que se casa com Europa quando o deus a deixa. Após a morte do soberano, os três filhos disputam o trono. Dentre eles, Minos se destacava por sua sabedoria e, seguro de que os deuses estariam a seu favor, leva os irmãos até a praia e pede que Posseidon, deus dos mares, lhe envie do mar um touro. Posseidon, reconhecendo que Minos era dentre os três o mais capaz, atende ao extraordinário pedido enviando um exuberante e reluzente touro branco saído das espumas do mar.

Com esse ato, os irmãos aceitam Minos como legítimo rei. Posseidon pede em troca que o novo rei leve o touro ao palácio de Knossos e o sacrifique em sua homenagem. Mas, Minos, encantado com a beleza magnífica do animal, não tem coragem de sacrificá-lo; pega outro touro de seus estábulos e sacrifica-o em seu lugar, acreditando que Posseidon não perceberia a diferença.

O deus, enfurecido com a traição, engendra uma punição terrível; pede a Afrodite que a esposa de Minos, Parsifae, se apaixone pelo touro! E assim é feito. A rainha, em segredo, ordena a Dédalo, o grande arquiteto, que fizesse uma vaca de madeira oca na qual ela pudesse entrar para estar com o touro. Pouco tempo depois, nasce uma criatura metade touro, metade humano, que recebe o nome do pai adotivo de Minos, Astério, mais conhecido como Minotauro, que significa "touro de Minos".

O rei sabe que havia sido punido e, de certa forma, aquela criatura também era seu filho. À medida que cresce, Minotauro demonstra enorme

AMAR E SER AMADO

ferocidade, passando a querer se alimentar apenas de carne humana, e precisa ser preso em um labirinto, também arquitetado por Dédalo, que, a essa altura, por sua falta havia se tornado prisioneiro na ilha com o filho Ícaro.

A história é longa, vai ser necessário que Teseu de Atenas, filho de Posseidon com a princesa Etra, mate o monstro, levando consigo a filha mais querida de Minos, Ariadne, que se apaixona pelo ateniense e o ajuda a sair do labirinto através do famoso fio de Ariadne. É uma das mais fantásticas e férteis de toda a mitologia grega. Mas o que nos interessa agora é que, a partir da *hybris* de Minos, ele foi só ladeira abaixo, uma tragédia legítima.

Minos era sábio, mas as piores e mais catastróficas tolices são as realizadas pelos sábios. O rei foi tomado por uma insanidade tal que usou a inteligência apenas em favor de seus instintos e desejos irracionais, perdendo a sabedoria.

Vamos para a análise sentados na escada. Daqui, vemos um rei, ou seja, um ego, reconhecido como racional, justo e sábio. Em certo momento, ele é agraciado com um presente exuberante saído das profundezas do mar, um touro branco, animal venerado em toda a Grécia por sua importância para a sobrevivência humana, e por sua força.

O touro é ligado à fertilidade e à terra, e pode ser paradoxalmente indômito e próximo do homem. Foi Zeus, em sua forma de touro, selvagem, instintivo e apaixonado, que encantou e engravidou Europa. Logo, Minos tinha em seu sangue tais características, pois era filho dessa união. Posseidon, ou o mar, símbolo do inconsciente, traz para Minos o magnífico, exuberante e intenso animal, prenúncio do início da nobreza de seu reinado.

Porém, o mar, que simboliza também a dádiva da vida, pede que o mesmo touro seja sacrificado em sua honra, que seja devolvido para o lugar de onde veio. Minos não quer sacrificar o impulso animal e a paixão que surgem com o amor e trai seu pacto com a força divina das profundezas inconscientes. Assim, o touro divino passa a ser demoníaco e acaba por arruinar uma vida e um reino que prometiam ser auspiciosos.

A esposa, que podemos considerar como sua *anima*, também se apaixona pelo touro, gerando com ele o homem animal, sedento por carne humana, personificação dos desejos deturpados. Ou seja, a parte animal de Minos, que não foi sacrificada, mesmo presa no labirinto do inconsciente, continua a exigir contínuos sacrifícios, alimentando-se de pessoas, ainda que conscientemente não queira proceder assim, e precisa ser, enfim, morta pelo filho de Posseidon.

Nada disso aconteceria se Minos tivesse sacrificado o touro e assumido o que aquilo anunciava, dedicando-se à construção de algo perene. Ele poderia ter extirpado a ferocidade de sua linhagem, mas escolheu perpetuá-la da pior maneira possível. Por isso, quando um relacionamento começa com o impulso de uma paixão, não há como saber se é apenas resultado de uma projeção ou o prenúncio de um amor verdadeiro e profundo.

O arrebatamento inicial deve dar lugar a outro tipo de encantamento em um relacionamento longo e significativo, cujo prazer e alegria vão além da euforia da participação mística original, que é o touro da bênção. Quando a pessoa se apaixona não pelo reinado e seus deveres, mas pela própria paixão, fica cativo, e precisa constantemente de pessoas para consumir, uma após outra infinitamente.

Retomaremos um personagem citado anteriormente, Balin, um dos cavaleiros do ciclo arturiano. Balin estava na corte do rei Arthur no dia em que uma belíssima jovem adentra o palácio e vai falar com o rei. Ele observa que ela carregava uma espada deveras grande e pesada atrelada à cintura e diz-lhe que aquela arma não lhe caía bem.

Ela então explica que se livraria dela se pudesse, porém estava condenada a usá-la até o dia em que um cavaleiro de coração puro e nobre a retirasse. O próprio rei fez uma tentativa usando toda a sua força e não teve sucesso, e a jovem explicou que não se tratava de força; aquele que fosse capaz de fazê-lo, executaria a tarefa com facilidade. O rei, observando que estava rodeado dos mais nobres e honrados cavaleiros da corte, pediu a cada um deles que tentasse retirar a espada e livrar a moça de seu peso.

Nenhum deles consegue e a jovem, cansada e decepcionada, se retira. Mas, antes que cruzasse a porta, Balin a chama e pede para tentar desembainhar a espada. Ela o avalia com descrédito, pois ele havia acabado de sair da prisão do rei, onde cumpriu pena por ter matado em batalha o primo do rei, e estava bem menos apresentável que os demais.

Ele, porém, pede-lhe para não tirar conclusões apenas pelas aparências, e convence a jovem a deixá-lo tentar. E, claro, a espada é retirada da

AMAR E SER AMADO

bainha com suavidade. Todos ficam maravilhados, e a jovem diz: "Esse é um cavaleiro que supera os demais, é o melhor que já encontrei, de grande dignidade, limpo de traição, perfídia ou vilania, e fará muitas maravilhas. Agora, gentil e cortês cavaleiro, devolvei-me a espada." Mas, para sua surpresa, Balin, enfeitiçado pelo artefato, se nega a devolvê-la dizendo: "Não, vou guardá-la; de mim só a tirarão pela força."

A bela jovem lamenta muito, não pela espada em si, mas pelo destino do pobre Balin. Ela o alerta de que o ato selava sua vida com terríveis infortúnios e que, ao final, com a espada ele iria matar o ser que mais amava no mundo. Em poucos segundos, Balin passa de uma vida abençoada para uma vida amaldiçoada, pois a espada tinha um poder demoníaco que ele não foi capaz de dominar.

Merlin ainda tentou fazer com que tomasse consciência do estado em que estava, mas Balin se despediu laconicamente do mago para sempre. Segundo Zimmer, essa foi a última chance e o último aviso do inconsciente, mas ele não deu ouvido. Dali em diante, estava condenado. Ele não tinha a legítima autoconfiança equilibrada, mas sim arrogância e pretensão, e foi o que causou sua derrocada; a espada o dominou, pois estava além de seu controle consciente dominá-la.

O rastro de infortúnios, morte e destruição que Balin deixa por onde passa o faz ser reconhecido como um amaldiçoado, de quem querem distância. Mais uma vez, ele pertence ao grupo dos que não têm um coração ruim nem desejam conscientemente fazer o mal. Suas intenções são boas, por isso sempre se empenha em fazer algo valoroso e justo com o poder que lhe dava a espada. Mas, por mais que conseguisse obter êxitos positivos, em seguida ocorria um desastre três vezes maior ao ato inicialmente benéfico – devido ao descontrole de seus impulsos mais do que a fatores externos. Ele era a própria maldição que o assolava. No fim prematuro de seus dias, matou e foi morto por quem mais amava no mundo, seu irmão Balan.

Balin, devido à sua intrepidez infantil e ao seu valor sem mácula, fora dotado de poderes sobre-humanos e tivera como privilégio sacar a espada encantada. Era a representação do homem perfeito. Mas, após sua obstinada recusa ao pedido da mensageira feérica, foi aprisionado e dominado pelas forças que poderiam tê-lo servido. O elemento extrapessoal e infra-humano que cada homem carrega dentro de si insurgiu-se e subjulgou-lhe a personalidade humana consciente, levando-o, como uma onda, à destruição.[14]

Somos dominados por aquilo que não dominamos.

O destino desse herói é análogo ao do rei Minos. Ambos estagnaram por desejar reter aquilo que deveria ser devolvido. Se assim o tivessem feito, seria a marca da graça que os acompanharia. Mas ficaram fixados no objeto, em possuir o êxtase, e não em participar do poder da graça. E o poder se voltou contra eles, pois não tinham capacidade para sustentá-lo. Essa é a armadilha na qual caem os orgulhosos e presunçosos.

O que aconteceria se os que foram visitados por anjos mensageiros quisessem tê-los guardados no armário só para si de tão maravilhados? Provavelmente, o mesmo que aconteceria a Moisés se tivesse arrancado a sarça ardente para plantar no seu quintal quando chegassem à terra prometida. Mas esses eram sábios demais para não reconhecer e obedecer às regras de algo que estava além deles próprios.

AMORES VOLÁTEIS E COMPULSÃO

Essa é, contudo, outra ilusão... O conhecimento que se amplia juntamente com a série de eventos amorosos é o conhecimento do "amor" como episódios intensos, curtos e impactantes, desencadeados pela consciência a priori de sua própria fragilidade e curta duração. As habilidades assim adquiridas são as de "terminar rapidamente e começar do início" das quais, segundo Soren Kierkegaard, o Don Giovanni de Mozart era o virtuoso arquetípico. Guiado pela compulsão de tentar novamente, e obcecado em evitar que cada sucessiva tentativa do presente pudesse atrapalhar uma outra no futuro, Don Giovanni era também um arquetípico "impotente amoroso". Se o propósito dessa busca e experimentação infatigáveis fosse o amor, a compulsão a experimentar frustraria esse propósito. É tentador

AMAR E SER AMADO

afirmar que o efeito dessa aparente "aquisição de habilidades" tende a ser, como no caso de Don Giovanni, o desaprendizado do amor – uma "exercitada incapacidade" para amar.[15]

Em um momento no qual a impermanência mostra sua face mais dolorosa nos relacionamentos, é quase impossível não lembrar Zygmunt Bauman e seu conceito de liquidez que, como bem disse um colega,[16] é um dos autores mais citados e menos lidos da atualidade. Isso significa que se transformou em um grande autor, pois não seria esse o destino de todos eles, serem incessantemente citados em sites e postagens sem a referência bibliográfica? Com isso, cada um entende o conceito de liquidez como bem quer, como se Bauman estivesse afirmando que o estado de transitoriedade e efemeridade é forma real e, quiçá, ideal de manter relacionamentos. Não é bem assim. O autor faz uma constatação do estado em que as relações humanas se encontram, não só as amorosas, e, tanto quanto pode, procura fazer uma análise isenta de julgamentos diretivos, embora não se esquive de dar a sua opinião e revelar sua estranheza quando acredita ser pertinente.

O que importa é que quando um conceito, de forma fidedigna ou não, se torna tão popular, realmente alcançou alguma veia pulsante que circula no inconsciente coletivo.

Para continuarmos a tratar do nosso assunto principal, a obra mais relevante de Bauman vai ser justo *Amor líquido*, que, inclusive, expande o conceito de amor desde o relacionamento afetivo entre duas pessoas até sua ampliação social, com suas condizentes colocações a respeito da mentalidade de consumo extremo. É patente o fato de suas constatações serem extremamente pertinentes para compreender o fenômeno do vínculo fantasma.

> E assim é numa cultura consumista como a nossa, que favorece o produto pronto para uso imediato, o prazer passageiro, a satisfação instantânea, resultados que não exijam esforços prolongados, receitas testadas, garantias de seguro total e devolução do dinheiro. A promessa de aprender a arte de amar é a oferta (falsa, enganosa, mas que se deseja ardentemente verdadeira) de construir a "experiência amorosa" à semelhança de outras

VÍNCULO FANTASMA

mercadorias, que fascinam e seduzem exibindo todas essas características e prometem desejo sem ansiedade, esforço sem suor e resultados sem esforço. Sem humildade e coragem não há amor. Essas duas qualidades são exigidas, em escalas enormes e contínuas, quando se ingressa numa terra inexplorada e não mapeada. E é a esse território que o amor conduz ao se instalar entre dois ou mais seres humanos.[17]

A escolha do termo "liquidez", a meu ver, foi extremamente assertiva. Não sei se Bauman chegou a se interessar pelos paralelos alquímicos que regem a trajetória tanto de indivíduos quanto do mundo, mas de fato é coerente com um ciclo espiralado de evolução (ou involução, talvez) pelo qual passa a humanidade em seu processo coletivo. Nossos ciclos são regidos pelo trânsito entre dois polos, o "dissolve e coagula". A dissolução gera a liquidez, ou é causada por ela, a chamada água mercurial que a tudo dissolve.

Gosto de imaginar que, se cada indivíduo pode ser entendido como um conjunto coeso de outras formas de vida, as células, não seria demais conceber que cada um de nós, assim como os animais, as plantas e os minerais, somos também células desse imenso organismo, que também está em processo de transformação.

É a antiquíssima ideia da existência da *anima mundi*, ou alma do mundo, ou ainda *psique mundi*. Ideia tão aventada pelos gnósticos. Se um pensamento assim fosse levado mais a sério, talvez compreendêssemos que, afinal de contas, estamos juntos no mesmo barco e não nos comportaríamos como se as células adoecidas do fígado não afetassem em nada o funcionamento dos neurônios plenos, ignorando inclusive, que se colapsarem, irão aniquilar o organismo completo, inclusive os neurônios plenos.

4
Eros e Psiquê

UM CRISTAL DE INFINITAS FACES

Em todas as culturas existem mitos e contos que pertencem a uma estirpe de narrativas ancestrais que encarnam de forma clara, eficiente e bela os atributos de uma história arquetípica, como um presente que emerge do inconsciente coletivo para alimentar e orientar a psique consciente. São histórias *numinosas* e portadoras de *mana* para transformar aqueles que simplesmente as escutam. Por ter infinitas facetas, executa a sua magia em qualquer fase da vida, atributo raro, podendo assumir tantos significados e formas dependendo da quantidade de estudiosos que se debruçarem sobre seus mistérios, ocultos em incontáveis níveis e ângulos da narrativa. Eros e Psiquê é uma delas.

O conto foi interpretado por alguns analistas segundo os preceitos da psicologia analítica e, mesmo assim, seus olhares divergiram de forma maior ou menor. Jung enxerga no mito o relacionamento com a *anima* que é empreendido pela jornada da psique masculina. De forma semelhante, Marie-Louise von Franz o considera uma representação do ponto de vista do desenvolvimento da psicologia do masculino *per se*. Já Erich Neumann enxerga-o como o mito feminino por excelência; e James Hillman seguiu a mesma linha de raciocínio, assim como Robert A. Johnson, que escreveu o best-seller *She: A chave do entendimento da psicologia feminina*, cujo nome já diz tudo. A lista é grande. E, de fato, todos revelam uma parcela da verdade, e isso se deve aos ângulos pelos quais examinei a história. Falarei de um deles.

Considero "Eros e Psiquê" uma narrativa que ao mesmo tempo fala das psiques masculina e feminina, pois todos nós, no processo de individuação, estamos em busca de empreender a união dos dois opostos complementares essenciais que se manifestam em tudo que há, que compõe o universo da percepção humana. Como no conto dos seres redondos relatado por Aristófanes em *O banquete*,[1] de Platão, existe o sentimento arquetípico de falta, pois nos entendemos como uma metade, o que nos impulsiona a buscar por complementaridade.

A busca perpassa diversos níveis da existência, desde a procura por um parceiro ou parceira amorosos até a união de seus opostos internos, a unidade da alma, o *hieros gamos* alquímico, ou casamento sagrado. Em seu nível mais elevado, revela a busca de Psiquê,[2] que significa literalmente "alma" e "borboleta", por sua parcela divina perdida, Eros, ou amor, um deus, com quem vivia em estado inconsciente de participação mística[3] e do qual precisou se separar, ao adquirir consciência, para novamente voltar a vê-lo depois de vagar irresoluta pelas provações da vida até reconquistá-lo e chegar ao Olimpo e à eternidade da alma imortal.

Psiquê, a mortal que já tem em si beleza divina, representa nossa parcela consciente que enfrenta as pelejas terrenas, provas que parecem sem sentido, enquanto, ao mesmo tempo que as supera, Eros, o inconsciente divino, também se cura das feridas trancado em seu castelo até que ambos se unem. É a imagem do processo de individuação, daí vem seu *númen*.

Por isso mesmo, não concordo com a afirmação de Erich Neumann endossada por Hillman de que o conto foi colocado no livro de Apuleio quase por acaso, tardiamente, não fazia parte do corpo e do sentido original da obra. Concordo com Von Franz, que finca o pé dizendo que foi intencional e que o autor sabia muito bem o que estava fazendo.

Aqui cabe uma explicação sobre a importância de Lucio Apuleio para essa história. Ele foi um escritor romano, de língua latina, nascido no século II, cuja obra mais famosa, *Metamorfoses*, também batizada tristemente como *O asno de ouro*, traz a narrativa mais completa do mito de "Eros e Psiquê". O enredo do livro conta as desventuras de um personagem chamado Lúcio que, transformado em asno, ou seja, um burro, passa pelas mais

EROS E PSIQUÊ

tragicômicas desventuras e sofrimentos para voltar a ser humano, o que ele consegue, por piedade da deusa Ísis, ao ser iniciado em seus mistérios.

Não se engane ao considerá-lo à primeira vista um conto tolo dedicado ao puro divertimento. Em linguagem simbólica, o burro que precisa se transformar em humano somos nós.[4] Entre outras preciosidades, graças a esse livro, temos alguma ideia de como eram celebradas as iniciações nos mistérios de Ísis. Portanto, me junto a Von Franz, que entende a história como parte dos pequenos mistérios, como uma preparação aos grandes mistérios a respeito dos quais pouco ou quase nada se sabe. Lembremos que Psiquê, ou psique, além de "alma" também significa "borboleta", que sofre uma metamorfose e ganha asas, e é esse o tema do livro de Apuleio. Após ouvir o mito, a vida do personagem sofre uma gradativa transformação, como aponta Von Franz. Assim são as histórias iniciáticas, parecem sem sentido, pois usam a linguagem simbólica, que chega diretamente ao inconsciente transformando o mundo da consciência sem que percebamos. É um dos degraus mais altos de onde podemos observar esse mito.

UM OUTRO ÂNGULO

Falei anteriormente sobre os degraus mais altos de onde podemos contemplar o mito de "Eros e Psiquê" para perceber a grandiosidade de uma história arquetípica e para mostrar que seu valor excede, em muito, o nível em que trabalharemos. Para enxergar e analisar o fenômeno do vínculo fantasma relacionado ao *puer aeternus* no mito, precisamos rolar escada abaixo, pois não há nada de elevado nessa situação. Visto do degrau inferior, ele fica absolutamente nítido.

Se Eros é por excelência a representação do *puer*, a história tem um lado sombrio do qual nem sempre todos se livram. Por ser um trajeto arquetípico de provas internas e externas, alguns não transcendem e ficam para trás. O *puer* é o que fracassou no meio da jornada, ficou preso, e leva seu amargor para o mundo.

O MUNDO DA MÃE

No início da história, Eros não é ninguém menos que o famoso cupido, um bebê inconsequente armado de arco e flecha. Sempre que o vemos ao lado da mãe, é assim que se apresenta, muitas vezes com expressões maliciosas no rosto e atitudes sugestivamente incestuosas correspondidas pela deusa. As imagens são icônicas e falam por si.

Eros vive literalmente a brincar com os sentimentos alheios, divertindo--se ao inflamar paixões efêmeras e, por vezes, destrutivas, várias a mando de Afrodite. É o leal companheiro da mãe, filho de um caso extraconjugal com Ares. Afrodite, embora seja a deusa do amor, não o associa ao casamento; disso cuida Hera. Não é de estranhar, pois está presa a um matrimônio infeliz e distante com Hefesto, o mais feio dos deuses, mas também o mais habilidoso. Fato é que não está fielmente atrelada a ninguém quando diz, pela fala de Apuleio e segundo Brandão, que "Nada do que possuis vem de teu pai, tudo é meu". Temos uma pista de que criou o filho sozinha e que, talvez por isso, acredite que Eros pertence a ela e lhe deve um voto implícito de lealdade acima de tudo. Essa face de Afrodite representa a mãe terrível, que cobra o que dá, que deseja a posse do filho como companheiro. Ela não se importa que ele saia atirando sua flecha por aí, contanto que sejam diversões pueris, que sempre volte para ela, a que ocupa por completo o lugar da parceira feminina. Mesmo que não se consume o incesto, há uma ligação psicológica incestuosa. Por ser um imortal, sabe-se lá quanto tempo permanece nessa situação de participação mística infantil com a mãe. Esta é uma representação arquetípica da situação geral do *puer*.

Há um detalhe importante sobre o qual é necessário refletir: por que será que uma história tão antiga, contada há milhares de anos, continua a ter sentido nos dias de hoje? A resposta é simples, porém não simplória. Quando uma história é arquetípica, carrega em si elementos perenes inerentes aos estágios fundamentais da vida do ser humano. E parece que o grande desafio de se desvencilhar do mundo infantil representado pela mãe é a primeira etapa de crescimento, tanto da psique masculina quanto da feminina. Mais à frente, vou abordar a relação entre mãe e filha. Agora, focarei nas especificidades da díade mãe e filho. E quanto ao papel

EROS E PSIQUÊ

do pai, ele não teria participação no processo de constituição do *puer*? A resposta é sim, mas, nesse momento, conversaremos a respeito da mãe, que é fundamental ao longo da primeira infância, pois crescer é se afastar gradualmente do ventre e, depois, do seio materno, mesmo se a criança não foi amamentada ou até mesmo gerada: o vínculo análogo continua a existir quando o arquétipo materno é ativado. Erich Neumann fala com maestria sobre o estado denominado "urobórico" de se entender como um ente unido e depois em processo de separação da mãe.[5]

Para que a fase seja atravessada com algum êxito, é necessário que ambas as partes estejam implicadas no processo, que costumo chamar de segundo parto. No parto propriamente dito, há a situação de morte e renascimento. As mulheres que tiveram a experiência quase sempre são unânimes em dizer que foi o maior rito iniciático pelo qual passaram. Em suas pesquisas polêmicas, porém muito interessantes, Stanislav Grof[6] aponta o momento do nascimento como vital para o destino do ser humano.

Sempre gosto de perguntar aos pacientes se conhecem a história do próprio nascimento, e costuma ser bastante útil para o processo de análise; e sempre recomendo aos meus alunos que adotem a mesma prática. O momento suscita memórias arquetípicas de medo da morte, pois todo parto, por mais tranquilo que seja com os recursos atuais, é um risco de vida para mãe e bebê e, desde o início da humanidade até pouquíssimos anos atrás, era consideravelmente grande. E é bastante desafiador também porque mãe e filho são impelidos por uma força da natureza que supera a vontade consciente, colocando-os diante do momento inadiável da separação, por mais dolorosa que seja, para que a vida de ambos continue. A gestação, de certo ponto de vista, é um período tranquilo para os dois, em que o corpo da mãe nutre e preserva o corpo da criança, formando uma unidade; sem essa segurança, não há vida possível para o feto.

Mas eis que o que antes era um local seguro se converte em um espaço ameaçador, pois, se passar do tempo, fatalmente o sufocará. É uma das faces da deusa-mãe Kali que, em questão de instantes, passa de serena a ameaçadora. Uma vez fora do útero físico, ambos iniciam uma nova fase de crescimento, em amplo sentido. Costumo dizer, porém, que a criança começa então a habitar o "útero expandido",[7] ou seja, um campo de energia psíquica que contém o bebê e cujo centro é a própria mãe. E assim precisa ser. A mãe tem que continuar a suprir as necessidades daquela vida, como em uma gestação ampliada, pois a criança continuará a depender dos cuidados maternos por um longo tempo. Outras pessoas, no entanto, podem aos poucos fazer parte desse universo, mesmo que ainda seja gerido pelo arquétipo materno.

Mas, em um dado momento na vida, precisamos nascer de novo, sair do útero expandido e partir para o mundo. Uma mãe com bom grau de consciência, por mais cuidadosa e consienciosa que seja, sabe que esse dia chega, e que mesmo com muitas dores é também dever dela deixar a criança nascer novamente. O impulso atuante não é mais proveniente de instintos físicos inconscientes, ele clama agora pela participação da consciência em um outro grau do processo. É exatamente aí que o *puer* empaca, por medo do mundo e por acomodação, ou, em outras palavras, pela dominação materna e, por vezes, dos dois.

No caso do mito, Afrodite nitidamente passa a ser a mãe terrível e devoradora que deseja o filho só para si. Não demora muito para se lembrar de casos em que vemos esse arquétipo constelar à nossa frente. Quando a mãe se assemelha a Afrodite, ela impede ostensivamente que o filho desenvolva relacionamentos afetivos estáveis, principalmente se for com uma mulher, pois ela mesma deve ser a única mulher na vida do filho. É comum dizer que nenhuma pretendente é boa o suficiente, e, quando o filho insiste, ela transforma a vida de ambos num inferno até que a pretendente vai embora.

Caso o *puer* consiga permissão para casar, o casal deve orbitar em volta da sogra, e o filho deve consultar sempre a mãe, e não a esposa, para tomar decisões importantes. Assim, muitos *puers* parecem casados quando, na verdade, mantém um relacionamento apenas sexual e reprodutivo com a esposa. Essa é a mãe dominadora ostensivamente identificada com Afrodite.

Há ainda aquela que lança mão de um outro tipo de sedução, a fragilidade, usando-a para incutir culpa no filho por largá-la desamparada, seja por não ter um companheiro, recursos financeiros ou equilíbrio mental; o filho deve ter a responsabilidade de cuidar dela, como dever e prioridade. Desse modo, a energia que o filho teria, emocional e financeira, para se dedicar a um relacionamento e a uma futura família, acaba minada, pois ele

EROS E PSIQUÊ

já é pai de uma família, frequentemente se tornando responsável também pelos irmãos, se houver.

Para muitas mulheres, não é possível deixar esse filho partir – seria considerado como traição e abandono de um amante – em função da natureza da projeção feita sobre ele. Tal projeção advém de algum grande grau de frustração em outras áreas da vida nas quais a mãe deveria depositar sua energia vital, como profissão, relacionamentos afetivos, estudos etc.

Bem, Eros está atolado até os dentes nessa situação sabe-se lá há quanto tempo, alguns bons milênios, talvez. É o garoto mimado "filhinho da mamãe", narcisista, insuportável e delinquente, a julgar pelas palavras de Zeus, desesperado para que ele "tomasse um rumo na vida".

> Julgo ser conveniente refrear de uma vez por todas as desregradas paixões de sua juventude. Chega de ouvir falar em seus escândalos diários no mundo inteiro, mercê de seus galanteios e devassidões. Chegou o momento de tirar-lhe qualquer oportunidade de praticar a luxúria. Cumpre pressionar-lhe o temperamento lascivo da meninice nos laços do himeneu.[8]

O MUNDO DO PAI

Zeus é o arquétipo paterno maior, na falta de Ares, tornando-se o representante do *logos*, da razão. Suas palavras deixam claro que a cura para a imaturidade patológica é assumir, através do compromisso oficial, o himeneu, a celebração dos laços matrimoniais, a responsabilidade perante a donzela. Em *Puer aeternus*, Von Franz aponta que a cura do *puer* consiste em assumir compromissos, pois essa é a raiz de todas as suas dificuldades. Essa fala também vai marcar o quanto uma pessoa imatura causa distúrbios não apenas para si como para a comunidade em que vive.

O pai, ou figura paterna, é de fato pouco presente na narrativa do mito por tratar-se de uma arapuca, ou armadilha, montada na primeira infância, o reino materno, como dito. Há o detalhe de Afrodite deixar claro que por um motivo ou outro o pai não é presente, mesmo que continue a ser o companheiro extraconjugal, pois depois ela gera ainda três filhos de Ares.

VÍNCULO FANTASMA

Mas é Eros que ainda é único e vive em participação mística com essa mãe por mais tempo do que esperado. Em certo momento, a figura paterna precisa demonstrar um tipo de potência específica que trará a criança, na segunda infância, para o seu mundo, para o mundo da "não mãe".

O alimento proveniente do pai não é o do próprio corpo, como é o da mãe, que o alimenta com o próprio sangue, através da placenta e depois do leite. O pai, simbolicamente, tem o alimento que busca no mundo externo; é também símbolo do *logos* em complementariedade ao sentimento.

Quando a figura paterna é fraca e não consegue transferir essa força ao filho, algumas coisas podem acontecer. Ao crescer, ele pode acreditar que precisa proteger a mãe, que precisa tomar o lugar do pai na criação da família, pois o pai não tem condições ou, de fato, está ausente. A mãe, por sua vez, pode projetar no filho a figura masculina complementar e colocá-lo de forma explícita ou implícita em tal lugar.

Já vi alguns casos em que os filhos não conseguiram se casar ou ter uma família porque sentiam que estariam deslocando recursos necessários para suprir a mãe, configurando ingratidão ou traição. Na melhor das hipóteses, a esposa seria mais uma agregada, e dificilmente há espaço para filhos nesse cenário. Mas é uma situação que gera muita insegurança, pois ele é uma criança colocada no lugar de um adulto sem o tempo necessário para realmente amadurecer; ele vai vestir uma persona enquanto por dentro é imaturo e frágil.

O romance de Machado de Assis, *Dom Casmurro*, traz como personagem principal Bentinho, filho de uma mãe viúva dominadora, educado em um seminário. Pela ausência paterna, estava destinado a não ter mulher alguma, mas se casa com Capitu. Essa era a esposa permitida pela mãe. Por causa disso, o ciúme e a insegurança rondam a cabeça de Bentinho, ele se sente ameaçado pela presença de qualquer homem que pareça mais pleno do que ele próprio no desenvolvimento de sua masculinidade, pois seu contato com o feminino e com a vida anímica continuou se dando na esfera materna.[9]

Quando o pai também é um *puer*, a identificação com o caminho a ser tomado vai nessa direção. Isso em hipótese alguma significa dizer que todo filho criado apenas pela mãe será sempre um *puer*. Segundo a psicologia analítica, há dentro de nós os dois opostos complementares: no ego feminino, o *animus*, e no ego masculino, a *anima*.

Na necessidade ou na falta de alguém que constele essa energia no casal parental, no caso da mãe, ela poderá utilizar seu *animus* como via da energia masculina necessária.[10] Mas, para isso, é necessário uma psique, de um ego masculino ou feminino, equilibrada, ou esse recurso da natureza arquetípica não poderá ser ativado e utilizado de forma eficiente.[11]

Outro ponto é que cada vez mais as famílias têm diminuído. O número de famílias com filhos únicos cresce a cada dia e, dessa forma, o filho se torna a razão de vida e receptor de absolutamente todas as projeções parentais. Nesse cenário, é muito difícil deixar o filho ir embora. Em meio a relacionamentos excessivamente fluidos, que geram insegurança, o único que parece ser um vínculo real é o filial e o parental.

A LANTERNA

Quando Eros, mesmo sem saber, inicia seu relacionamento com Psiquê, ele o faz de forma inconsciente, ainda envolvido pelo mundo materno. Tudo acontece pelo fato de Psiquê ser tão bonita quanto Afrodite, ou seja, é uma versão mortal, de carne e osso, da venerada mãe, uma projeção de Afrodite. Ele se apaixona, a princípio, pela imagem da própria mãe refletida na princesa, com a vantagem de poder se relacionar sexualmente com ela, satisfazendo seus desejos instintivos com a projeção humana da deusa sem recair em incesto.

Porém, sua lealdade é indiscutivelmente vinculada à mãe, que nem sequer pode saber do que se passa. Assim, ele vai vê-la apenas de noite, escondido de Afrodite, como se estivesse cometendo adultério. A Psiquê nega a possibilidade de um relacionamento completo e profundo, pois, além de só aparecer de noite, ela não deve ver seu rosto. Ainda sob o efeito da paixão, Psiquê concorda com tudo. Mas, aos poucos, percebe algo de estranho na situação, que tudo parece uma grande ilusão disfarçada de realidade, como os criados, que são apenas vozes, fazendo de tudo para distraí-la ao atender suas vontades e desejos. Mas um ser humano que cresce, compreende que, por mais tentador que possa parecer, há algo de estranho, irreal e fantasmagórico em viver uma meia-vida.

Carente de substância, ela precisa de contato humano real que não é suprido pelo amante, e pede a presença das irmãs. As irmãs más, vistas desse ângulo, parecem essenciais para que a história tome um rumo positivo, pois libertam a irmã mais nova da ilusão, por mais doloroso que possa parecer. Psicologicamente, as irmãs estão dentro da própria Psiquê, representam aquela desconfiança intuitiva, ainda que difusa, de que talvez as coisas não sejam o que parecem ser. Quando Psiquê se dá conta, vê que são sempre como o outro quer; ela respeita os limites impostos por Eros, ou seja, a manipulação.

A alma não suporta viver muito tempo nesse estado, à custa da própria originalidade, e clama literalmente por clareza, mesmo que encontre o que não quer encontrar. Erguer a lamparina é antes de tudo um ato de coragem. O ato defensivo e a desconfiança de que ele é um monstro são criados pelo próprio distanciamento psicológico que paira na relação. Ao vê-lo como é pela primeira vez, Psiquê entra em contato com a dualidade de Eros, fica encantada com sua beleza, mas logo em seguida conhece a sua brutalidade. O óleo da lamparina, que simboliza a luz, queima Eros. Ele não suporta ser descoberto e ainda mais desobedecido em suas regras. Psiquê ultrapassa a linha de intimidade ilusória que ele traçou, e isso fere profundamente o *puer*, que não suporta o pedido de clareza a respeito do que ele realmente vive.

Cheio de "razão", no mesmo instante sai voando para longe dela, volatiza nos ares. Ela tenta se agarrar às suas pernas para prendê-lo à terra, ou seja, chamá-lo à realidade para viver um relacionamento humano, conversar! Mas ele voa ainda mais alto após culpá-la pelo rompimento. Quando Psiquê cai no chão, tudo desaparece como se nunca tivesse existido, era um palácio fantasma com criados fantasmas. Todos os criados, a casa na qual moravam juntos, tudo se desfaz e ela se vê sozinha e grávida, tão abalada que pensa em suicídio. Quer encontrá-lo, falar com ele, mas não consegue achá-lo. O contato, o acesso, o vínculo são rompidos por completo e ele volta para se recuperar no castelo dourado da mãe. Eis o vínculo fantasma, oculto, quando terá sido óbvio, dentro de um mito milenar.

EROS E PSIQUÊ

O vínculo fantasma existe nessa história porque é uma das características que pontuam os padrões de relacionamento engendrados pelo *puer*. Ele ainda não sabe se relacionar de outro jeito. Desse modo, para que a história possa prosseguir em direção ao desfecho "felizes para sempre" é necessário um esforço literalmente hercúleo de ambos. A história também instrui a respeito de como um *puer* consegue se livrar de seu patológico estado regredido, estanque e estéril, atrelado à mãe. Parece que as provas são apenas de Psiquê, mas, se Eros não estivesse disposto a curar suas feridas narcísicas e fugir da casa da mãe, enfrentando-a em favor da esposa, nada aconteceria. Enquanto Psiquê trava a sua luta no mundo exterior, cabe a Eros travar a sua no mundo interior; ele está preso no castelo dourado de Afrodite, menção direta ao útero expandido do qual falei anteriormente, e do qual o jovem precisa se livrar, fugir pela janela, nascer de novo, para se desenvolver, continuar a crescer.

É impressionante constatar como a psique coletiva apresenta histórias arquetípicas que atravessam as eras como mapas e guias que alertam sobre os caminhos nos quais podemos nos perder. Porém, se lermos com cuidado, também oferecem instruções sobre como superar os desafios caso não nos tenhamos desvencilhado do imbróglio no momento mais adequado. Para isso, no entanto, precisamos nos manter conectados à outra metade de nós mesmos; de outro modo, vagaremos a esmo no deserto.

Uma observação muito importante: o fato de a história prosseguir para um desfecho feliz, é uma mensagem muito potente absorvida pela psique de que os esforços e sofrimentos foram válidos. Porém, é nesse ponto de bifurcação que mora a armadilha. Em muitos casos, a história tem outro fim: Eros, após se recuperar das feridas na casa da mãe, real ou metafórica, parte para um novo relacionamento, em que repetirá os velhos padrões sem sequer prestar nenhuma satisfação a Psiquê. Ela, no entanto, pela falta de contato e muitas vezes privada de um término claro e definitivo, imagina que o amado está longe, porém a ama, e, se ela fizer de tudo para se reaproximar e reencontrá-lo, ele entenderá que também a ama. É como se acreditasse que seu amor é forte o suficiente para os dois, algo que claramente não se sustenta. Para que uma transformação ocorra, como dito, o esforço deve ser de ambos.

DEMÉTER E PERSÉFONE: A *PUELLA*

Em algum lugar muito distante, no tempo em que os humanos ainda não existiam, viviam os deuses do Olimpo. Todos eram filhos de Reia e Chronos, também conhecido como Saturno, um pai rígido que devora os bebês ao nascerem. Reia é uma mãe um pouco submissa. Porém, um dia se cansa da atitude do marido e escolhe um dos filhos para poupar, o sexto, chamado Zeus. Quando ele nasce, Reia enrola uma pedra em um pano e dá a Chronos, que a engole como se fosse o bebê. Quando Zeus cresce, mata o pai do mesmo modo que Chronos tinha matado o avô de Zeus, Urano, cortando seus testículos. Zeus liberta os irmãos do estômago de Chronos, e é eleito rei dos deuses: Posseidon, Hades, Hera, Deméter e Héstia. A Posseidon é dado o domínio sobre os mares; a Hades, o submundo. Zeus escolhe Hera como esposa oficial, mas não deixa em paz a jovem Deméter e a engravida à força. Deméter não liga a mínima para Zeus, de modo que escolhe viver longos períodos longe do Olimpo, em contato com a terra, que passa a semear, tornando-se, assim, a deusa da agricultura, a grande mãe nutridora da humanidade, a própria terra. Algum tempo depois, nasce sua filha, a qual dá o nome de Core, que significa "moça jovem" e "semente".

Nessa época, Deméter se sente completa com a companhia da filha, juntas semeiam a terra em longas caminhadas. Quando Core cresce, torna-se uma linda jovem, despertando o interesse de Hades, que quer desposá-la, mas Deméter é terminantemente contra. Na verdade, talvez fosse contra a relação com qualquer pretendente, mas, sendo Hades o rei dos mortos e do submundo, não havia sequer como cogitar. **Além** disso, jamais iria querer perder a companhia da filha amada. Mediante a situação, Hades pede ajuda a Zeus, que o auxilia em um plano para sequestrar a própria filha e entregá-la como esposa ao irmão.

Assim, um dia, Deméter semeava a terra tranquilamente, seguida por Core, quando a moça vê um belo lírio que chama sua atenção. Ao parar para admirá-lo, abre-se uma imensa fenda no chão, de onde surge Hades em sua carruagem negra puxada por quatro cavalos pretos, que a rapta, voltando imediatamente para seus domínios. Em questão de segundos, o

EROS E PSIQUÊ

chão se fecha novamente como se nada tivesse acontecido. Deméter chama pela filha, mas dessa vez não obtém resposta. Core tinha desaparecido.

Em desespero, Deméter cobre-se com andrajos escuros e põe-se a peregrinar, passando nove dias e nove noites sem se alimentar, beber ou se banhar, perguntando a quem encontrava pelo caminho se sabia alguma coisa a respeito do destino da filha. Até que Hélio, a própria luz do Sol, que tudo vê sobre a terra, denuncia Zeus e Hades. Deméter fica irada com Hades e, principalmente, se sente traída por Zeus. Decide que não vai executar mais as suas tarefas enquanto não lhe devolverem a filha.

Durante esse longo tempo, nada cresce, a terra torna-se estéril, os celeiros esvaziam e a ameaça da fome paira sobre os quatro cantos da terra. Enquanto caminha a esmo, Deméter chega até Elêusis e se senta em uma pedra. Com aspecto envelhecido, cansada, não apresenta resistência quando a levam até o palácio do rei. A rainha Metanira, percebendo-a entristecida em um canto, oferece-lhe vinho, mas Deméter recusa, pedindo, porém, uma bebida especial feita com sêmola de cevada, água e poejo, chamada *kykeon*.

Metanira convida-a para cuidar do filho recém-nascido, o príncipe Demofonte. Deméter aceita, talvez para lhe trazer algum consolo pela falta da filha, e decide transformá-lo em um imortal, colocando-o sobre o fogo todas as noites. Ele crescia cada vez mais belo e imponente, aproximando-se do esplendor dos deuses. Porém, um dia, Metanira vê o filho sobre as brasas e, desesperada, interrompe o ritual da deusa, que fica profundamente irritada.

> Homens ignorantes, insensatos, que não sabeis discernir o que há de bom ou de mal em vosso destino. Eis que tua loucura te levou à mais grave das faltas! Juro pela água implacável do Estige, pela qual juram também os deuses: eu teria feito de teu filho um ser eternamente jovem e isento da morte, outorgando-lhe um privilégio imorredouro. A partir de agora, no entanto, ele não poderá escapar do destino da morte.[12]

Deméter se revela em toda sua glória e ordena que ergam em nome dela um grande templo com um altar aonde ela mesma iria para instruir os seres humanos, e que difundam pelo mundo a cultura do trigo. Quando o templo fica pronto, a deusa ali se recolhe e permanece.

VÍNCULO FANTASMA

Como a situação dos campos inférteis começava a se tornar ameaçadora, Zeus pede que ela retorne às suas funções, e que fosse vê-lo no Olimpo. Mas ela se recusa veementemente dizendo que só o faria quando tivesse de volta a filha. Sentindo-se enfim sem escolha, Zeus pede a Hades que deixe Core, agora também conhecida como Perséfone, a rainha dos mortos, retornar para a companhia da mãe. Hades não tem como negar o pedido do irmão, mas não estava conformado com a situação e lança mão de um ardil, persuadindo Perséfone a comer uma semente de romã antes de retornar. Quem ingere alimentos ou qualquer bebida do mundo dos mortos permanece preso a ele para sempre. De modo que Perséfone, periodicamente, teria que voltar para viver com ele por quatro meses do ano. Deméter fica furiosa, mas ter a filha por dois terços do ano era melhor que nada e assim resolve voltar às suas funções e deixar que a terra florescesse e gerasse frutos durante esse período. Quando a filha precisa ir para o mundo dos mortos, a tristeza profunda a toma novamente e, durante o período, nada cresce.

OS DEGRAUS MAIS ALTOS

Vamos nos sentar primeiro no alto da escada para observar este fascinante mito.

O culto estabelecido à deusa Deméter e sua peregrinação em busca da filha dá origem a um rito tradicionalmente agrário, porém de compreensão extremamente profunda sobre os ciclos da vida, da morte e do renascimento. Da natureza, enfim, da qual fazemos parte. De forma simples, profunda e misteriosa, ele apresenta os segredos e mistérios que precisamos saber, mas que, apesar de estarem diante de nós, não somos capazes de enxergar. O rapto de Perséfone é o mito central que coordena os mistérios de Elêusis, culto estabelecido por volta do século VI a.C., que sobreviveu por milhares de anos até o século IV d.C.[13]

Originalmente, é um culto à fertilidade feminina e da terra. A natureza, assim como as mulheres, vive através de ciclos de fertilidade identificados com a Lua, também feminina na maior parte das culturas. Assim, a natu-

EROS E PSIQUÊ

reza originalmente é dotada tanto de ternura e acolhimento quanto de um temperamento intempestivo, que agita os ventos, as marés e faz tremer as águas e a terra. Essa deusa é a geradora das sementes. Embora precise ser fecundada, é nela que se concentra a fertilidade.

No mito de Deméter-Core, há a participação do elemento masculino, em certa medida limitada e de caráter agressivo. No início, Deméter precisa de Zeus apenas para ativar sua capacidade de procriar, mas não faz questão, como Hera, de estabelecer com ele uma união individual ou social. Tem a filha sozinha e é reconhecida como uma deusa que não procura por marido e não é especialmente dada à paixão, como Afrodite. Tais características fazem com que seja lembrada como uma deusa autêntica, a procriação da natureza em si, a mãe de todas as sementes. Deméter e Core são, respectivamente, a superfície luminosa da terra e a semente que ela gerou.

Deméter, apegada à filha, não quer se separar dela. Hades, que deseja Core, representa o submundo, a terra profunda; e é próprio da vida da semente ser enterrada longe da luz por um tempo, para que possa renascer em broto e vir à luz novamente, porém transformada. Mas estabelece também uma analogia clara com a morte. Hades é o guardião de tudo sob a terra: as sementes, as pedras preciosas e os mortos. Ir para o mundo de Hades significa, em certa medida, que Core morre, por isso há o luto da mãe. E de fato morre Core, a menina, que renasce como Perséfone, mulher adulta; é o broto que emerge do submundo de volta à superfície da terra, periodicamente comprometida a retornar para debaixo dela, onde, na companhia do esposo, se torna fértil. É o amor e o desejo engendrando os ciclos da natureza – vida-morte-renascimento – expressos nas estações do ano. Esse movimento é a gênese da fertilidade que alimenta os viventes sobre a terra.

Sobre a passagem de Deméter por Elêusis, trata-se da grande mãe capaz de auxiliar e cuidar dos filhos de todas as mães da terra. Metanira enxerga esse atributo em Deméter e lhe oferece a função de ama. Deméter é amorosa e humildemente aceita a tarefa. Por amor à criança, quer torná-la imortal pelo fogo. Tradicionalmente, o fogo é relacionado à purificação, e com a transformação definitiva, pois o que é transmutado diretamente pelo fogo não tem retorno. O ritual de Deméter com Demofonte, um *puer*, pois é um bebê, é análogo ao estágio das operações alquímicas,[14] chamado *calcinatio*, em que se queima a matéria ordinária até o fim; o que resiste ao fogo é a sua essência e, portanto, é puro.

Como se trata de um processo, não pode ser feito de uma vez só; por isso, Deméter o realiza todas as noites, tornando a criança aos poucos cada vez mais resistente e imortal. Se Deméter é a grande mãe natureza, e o fogo é relacionado às grandes provas da vida, as "provas de fogo", seu ritual são as provações que a natureza nos faz atravessar para que, da mesma forma que Demofonte, nos tornemos mais fortes, puros e imortais. Mas a ignorância faz com que os mortais, representados por Metanira, não compreendam o processo e acreditem que a natureza está engendrando algum mal aos humanos. Devido a essa incompreensão, o caminho de Demofonte é mais árduo. Por isso, instalam-se os mistérios, para instruir os seres humanos sobre os motivos superiores da natureza como grande mãe.

O culto aos mistérios de Ísis era mais elitista para selecionar seus candidatos, ao passo que qualquer um podia se candidatar aos mistérios de Elêusis, inclusive os escravos. O que de fato acontecia nessas iniciações foi mantido em segredo, salvo alguns fragmentos e indícios. Isso porque quem quebrasse a regra do sigilo estava sujeito a severas punições, portanto qualquer coisa dita a respeito será apenas a projeção bem-intencionada de um leigo ou estudioso. Mas é verdade que Clemente de Alexandria,[15] que, ao que tudo indica, também foi um iniciado, não valorizou integralmente o voto de sigilo, deixando alguns relatos valiosos. Mas algo se pode dizer: eram ritos de morte e renascimento baseados nas lições ocultas da própria natureza.

AO PÉ DA ESCADA

Agora é o momento em que descemos da escada para observar as nuances da *puella* contida nessa história. Embora eu tenha afirmado que os paralelos com a história de Eros como *puer* são condizentes também com as psiques femininas, há algumas especificidades da relação entre mãe e filha

EROS E PSIQUÊ

que merecem alguma atenção para enriquecer a análise. É bom lembrar que não tenho intenção de esgotar o tema que é, por sua natureza, inesgotável.

Dito isso, é nessa hora que ocorre o *plot twist*. A última missão de Psiquê é pedir à rainha dos mortos, Perséfone, um pouco de sua beleza – o que nos leva a crer que ela foi ao Hades lá pelo fim do inverno. A deusa não se compadece da mortal Psiquê, que havia sido obrigada a passar por situações muito difíceis, e compactua com o plano de Afrodite para matá-la. E de fato assim é Perséfone, não exatamente má, mas um tanto fria, a beleza da inércia da morte.[16]

Perséfone tem algo em comum com Eros. Afrodite e Deméter são mães extremamente fortes, desejosas de que seus filhos permaneçam eternamente jovens ao seu lado, pois a companhia deles as complementa. Eros, com seus matizes eróticos, segundo sua natureza, é o correspondente arquétipo complementar de Afrodite e vice-versa. Já Perséfone representa a continuidade de Deméter. A filha auxilia a mãe em seu trabalho sem que ela precise dos homens. Há na vida de ambos o distanciamento do elemento masculino, físico, psicológico ou emocional, promovido ou não pela mãe. Se Afrodite incute na cabeça de Eros "que todas as mulheres são iguais", Deméter incute na cabeça de Perséfone que "todos os homens são iguais".

Do degrau onde estávamos, enxergamos que o ressurgimento de Perséfone se traduz no ressurgimento da vida e, talvez, seja um lembrete das muitas mortes e renascimentos psíquicos pelos quais passamos. Desse mesmo degrau, quando estabelecemos paralelos com o comportamento humano, as coisas ficam estranhas. Core, ou Perséfone, é uma mulher que não consegue se libertar da mãe. Tem um casamento, o próprio reino, mas renuncia a tudo para estar de volta à casa da mãe pela maior parte do tempo, um espaço onde sempre será a princesa, nunca a rainha. Só se casa porque é raptada e só precisa voltar ao seu reino, ainda que permaneça lá por pouco tempo, devido a um ardil do esposo. Está mais preocupada em não contrariar ou frustrar a mãe do que envolver-se em outro caminho de sua escolha. Dessa forma, revisita usualmente Hades, com quem pode ter alguma vida sexual, mas retorna sempre para o seio materno, em um movimento circular sem fim. Não é difícil imaginar que mãe e filha nutram desdém e desconfiança em relação ao mundo masculino, encarando-o como uma prisão. Pode ser até mesmo que tais sentimentos tenham passado de mãe para filha.

Para se manter próxima à mãe, a *puella* desenvolve um padrão de relacionamentos insatisfatórios, quiçá destrutivos ou abusivos, com o intuito de sempre ter uma justificativa para voltar para a casa materna.[17] Nesse caso, se une àqueles que, de alguma forma, correspondem ao seu *animus*, que está constelado em matizes negativos sem que ela saiba disso.

Outro padrão comum decorrente da díade mãe e filha que cria a *puella* é a mãe que de forma nítida ou insidiosa mina a autonomia e a autoconfiança feminina da própria filha, fazendo-a acreditar que ela não é capaz de cuidar da própria vida. O melhor, portanto, é permanecer perto da mãe, que, assim, não se sente ameaçada em seu trono de matriarca pela mulher mais jovem, com quem secretamente compete.

> Essas vozes dizem frases como as que se seguem: "Ora, não diga isso"; "Você não pode fazer isso". E, "Você sem dúvida não é filha (amiga, colega) minha, se age assim"; "Tudo é perigoso lá fora"; "Quem sabe o que será de você se insistir em sair desse ninho quentinho"; "Você só vai se humilhar, sabia?" ou ainda, a sugestão mais insidiosa, "Finja que está se arriscando, mas em segredo continue aqui comigo".

> Todas essas são vozes da mãe-boa-demais, assustada e bastante desesperada dentro da psique. Ela não tem como agir de outro modo; ela é o que é. No entanto, se nos fundirmos com a mãe-boa-demais por muito tempo, nossa vida e nossos talentos expressivos recuam para a sombra, e nós definhamos em vez de nos fortalecermos.[18]

Em casos assim, é muito comum a filha que tem filhos, mas que acaba voltando sozinha para a casa materna e tem o seu lugar de mãe usurpado pela avó, que sempre sabe o que é melhor. Mesmo sendo mãe, continua aprisionada no lugar de filha, pois precisaria do aval dessa mãe para se sentir segura e livre, e justo isso lhe é negado. Aguardar pelo aval passa a ser a meta infantil que nunca será atingida, criando um círculo neurótico de eterna imaturidade. Mais uma vez, o elemento masculino está efetiva-

EROS E PSIQUÊ

mente ausente, ou é fraco, sem força suficiente para auxiliar a estabelecer uma ponte de acesso à energia masculina externa, mas, principalmente, à energia masculina interna da filha.

Nesse cenário, a menina se torna presa fácil de homens abusadores ou só encontrará candidatos fracos, que procurará subjugar, pois só reconhece o amor como relação de poder. Onde impera o amor, não existe vontade de poder; e, onde o poder tem precedência, aí falta amor. "Um é a sombra do outro."[19] Não custa relembrar que nem sempre a culpa pelo comportamento imaturo do filho ou da filha é dos pais, sobretudo da mãe. Embora grande parte desses padrões seja sim engendrada pela sombra parental, que contamina a psique dos filhos, existe um bom número de casos que se assemelham ao comportamento imaturo cuja origem parece ser de fatores internos muito particulares, mas que, mesmo com um bom tempo de análise, não apresentam razões plausíveis no comportamento parental. Como não se trata de lidar com a psique como tábula rasa, humildemente admito que não é possível justificar o comportamento de um ser humano inteiramente por suas vivências conscientes. E é bom lembrar que nem sempre as mulheres se comportam como *puellas* passivas, lembremos o exemplo de Érika.

Gisele chegou com a costumeira queixa de ter "o dedo podre" para escolher parceiros. Era inteligente, estudada, educada e bonita. Tinha consciência de seus atributos positivos, assim como também sabia que havia alguma coisa errada com ela, já que repetia sempre o mesmo padrão: se apaixonar perdidamente por homens indisponíveis e, por isso, nunca conseguir desenvolver um relacionamento.

Nas poucas vezes em que deu uma chance para alguém disponível e disposto a ficar com ela, repetia outro padrão, ou seja, o deixava sem motivo algum, simplesmente não conseguia sentir nada, não tinha graça. Ela me procurou depois de algo que para ela foi a gota d'água. Quando conheceu Gustavo, ele estava casado, mas diferentemente dos outros homens na mesma situação por quem tinha se apaixonado, ele correspondeu na mesma intensidade, se separou da esposa e a pediu em casamento. Ficou eufórica e muito feliz, alugaram um apartamento e ela prontamente começou a

126 VÍNCULO FANTASMA

arrumá-lo. Mas na medida em que os dias foram passando e os planos avançando, algo dentro dela começou a murchar, já não conseguia achá--lo interessante, a atração virou repulsa, começou a evitá-lo e a provocar brigas. Rompeu o noivado. Sabia que ele estava devastado, mas não podia fazer nada. Nunca havia de fato gostado dele.

Racionalmente, Gisele dizia que seu sonho era ter uma família, e finalmente ter a chance de dar aos filhos o que ela não teve, um lar estruturado. Mas sabia que fazia justo o contrário. Casos assim não se restringem a um único motivo, existem diversas nuances que fazem com que o comportamento de Gisele seja assim, afinal trata-se de um complexo.

Quero destacar, nesse emaranhado de questões, uma que possui um peso bem relevante. A fidelidade inconsciente aos padrões familiares. Ela foi criada em um lar apenas de mulheres, avó, mãe, tia e prima morando na mesma casa. De forma surpreendente, não havia nenhuma figura masculina presente, todas criaram suas filhas sozinhas. E reafirmavam de forma patente ou velada que não precisavam dos homens para nada. Enfim, havia o sentimento de dever para com a tradição da família, e ela não poderia ser a única a fazer diferente, ou perderia a pertença familiar que tanto prezava. E afinal como faria algo diferente se nem sequer sabia como?

Quando ainda não somos conscientes temos a tendência a repetições dos padrões nos quais crescemos, e o levamos para as próximas gerações. Para mim esse é um exemplo do que significam as conhecidas maldições familiares já tão encenadas nas tragédias gregas. Quebrar a maldição é sempre a missão heroica dos mais jovens, e para isso precisa fazer a viagem ao Hades, mundo dos mortos, ou seja, ao seu inconsciente e suas sombras, é preciso estar frente a frente com os monstros e fantasmas para vencê-los.

O problema é que, na maioria das vezes, os heróis e heroínas dos nossos dias perdem muito tempo exigindo que seus pais ou ancestrais façam alguma coisa, que se transformem, exijam deles a mudança, quando na verdade a única mudança possível está em nós, e não no outro. Para isso crescemos. Quando o herói não assume para si a missão, permanece em estado infantil e cria uma neurose que consome a sua energia vital, e, em algum tempo, ele só perpetuará a história.

Devemos lembrar que nossos pais são os filhos dos nossos avós, já nos ensinava Jung.

5
Complexo de Psiquê

Pouco tempo depois que iniciamos nossas sessões, Helena se mudou com as filhas para a casa de praia da família. Ia poucas vezes para o centrinho que abastecia a região e voltava para seu refúgio na natureza. Aproveitou esse tempo para colocar muitas coisas em ordem, como trabalho, leitura e meditação, estava em um bom momento, se sentindo bem consigo mesma.

Um dia saiu para encontrar os amigos e conheceu Hélio. Assim como ela, ele morava em São Paulo e estava ali em refúgio, também tinha duas filhas, que estavam com a ex-mulher. A identificação foi quase imediata, possuíam muitos interesses em comum, passaram a trocar mensagens todos os dias e a se encontrar com frequência, conversando por longas horas sem que o assunto se esgotasse. Mas algo não parecia certo.

Hélio sempre voltava para São Paulo por questões de trabalho, e enquanto estava lá se mostrava emocionalmente distante. Dizia que a rotina era intensa, muitas coisas para resolver. Helena logo imaginou que ele estava com alguém, acionou alguns amigos em comum que lhe garantiram que não havia outra pessoa. Em algum momento, ela se acostumou com a situação, pois quando ele voltava, fazia planos para quando morassem juntos, inclusive os dois começaram a procurar juntos propriedades à venda na região e apresentaram um ao outro para família e amigos.

Até que ambos precisaram voltar para São Paulo, e pela primeira vez estavam lá cumprindo a rotina de costume de cada um. Pais, filhos, ex--cônjuges, trabalho etc. Helena continuava empenhada e sempre buscava dar apoio a Hélio, mas ele estava cada vez mais estranho e distante. Ela perguntava o que tinha acontecido e ele não dizia nada, apenas que não estava bem e precisava ficar sozinho, foi simplesmente emudecendo até não responder mais às mensagens.

Como não houve rompimento, Helena entendeu que ele estava muito doente, com uma depressão profunda, e mesmo a distância procurava ter notícias e se preocupava com seu estado, preparando-se para poder recebê-lo quando retornasse. Mas os meses foram passando e o silêncio torturante permaneceu. Helena possui a qualidade rara de ser profundamente comprometida e leal em seus relacionamentos, e não aceitava nenhum comentário que sugerisse que o sentimento de Hélio não era recíproco, não desistiria dele quando mais precisava dela. Até que um dia não crê no que vê: em uma publicação do Instagram da festa de aniversário de um amigo em comum, Hélio foi marcado com a nova namorada.

Foram dias e sessões difíceis. O comportamento de Hélio é mais comum do que se imagina. A cidadezinha praiana era um refúgio à parte de sua vida, na qual criava praticamente um universo paralelo, um escape da vida real, e Helena fazia parte desse contexto mágico e paradisíaco. Quando ela passou a ser uma pessoa real, com rotina e problemas, habitando o contexto costumeiro que ele acreditava ser sufocante, tudo perdeu o sentido. Provavelmente Hélio não tinha estrutura para sustentar um relacionamento, principalmente com alguém com a consistência e profundidade de Helena.

Helena sofreu bastante, também precisou reavaliar muitas coisas, mas conseguiu se recuperar e seguir em frente ainda mais forte graças à sua genuína alegria de viver. Entendeu que sua personalidade vivaz pode atrair pessoas com a mesma frequência, mas também predadores famintos.

Há em Psiquê alguns aspectos que, de determinado ângulo, podem constelar e fazer com que o padrão de busca por relacionamentos com *puers* se repita.

Só existe Eros porque existe Psiquê, aquela, ou por vezes aquele, que aceita se envolver com alguém que não se mostra inteiramente e que oferece relacionamentos pouco palpáveis. Assim como a terceira filha de diversos contos de fadas, ela é a mais jovem, a inexperiente, mas, também por isso, a que tem um potencial a ser vivido.

COMPLEXO DE PSIQUÊ

Porém, em decorrência da imaturidade, é a filha que entra em situações estranhas. A essa classe de histórias podemos juntar novamente "A Bela e a Fera", "O urso branco, rei Valemon",[1] "A princesa sombria" e "O Barba Azul", a última o retrato de quando tudo dá errado. Quando ainda somos muito jovens, é compreensível que a falta de experiência na vida nos leve a entrar em situações estranhas que não conseguimos identificar imediatamente como potencialmente ilusórias e/ou perigosas.

Psiquê se apaixona pelo amante oculto e o julga seu salvador, que a retira de uma situação terrível e perigosa, ou, no mínimo, indesejável. Tal "situação terrível" pode ser na vida real o convívio ruim no lar parental, problemas de autoestima, privações financeiras, algum tipo de vulnerabilidade etc. Dessa forma, o pouco que é oferecido parece mais que suficiente, e, em muitos casos, é dourado com algo que parece mágico. Eros, extremamente sedutor, oferece o que ele mais aprecia, prazer ininterrupto.

O deslumbramento faz com que Psiquê, ou quem quer que esteja constelando o arquétipo em um relacionamento, aceite sem questionar as regras impostas pelo parceiro ou parceira, caso contrário a punição será o término. "Quanto a ti, teu castigo será minha ausência", ameaça Eros. Contudo, existe um momento em que a pessoa se arrisca a questionar o modelo imposto. Há estabilidade, mas não há substância, não há presença efetiva e, principalmente, não há compromisso assumido. Eros simplesmente não assume Psiquê, pois já é comprometido com a mãe e com seu estado neurótico de apego à infantilidade.

Mas chega um momento em que muitas pessoas como Psiquê querem elucidar as coisas, saber o que afinal de contas realmente está acontecendo, começam a desconfiar que dormem com um monstro devorador. Esse momento pode se traduzir na vida cotidiana na pergunta sobre o que afinal de contas o relacionamento significa. É nessa hora que o *puer*, assim como Eros, se sente mortalmente ferido, voa para longe e rejeita Psiquê, grávida. E tudo some, não resta nada, como se nunca tivesse existido um relacionamento em comum em um belo castelo. Era um vínculo sem materialidade real, um vínculo fantasma.

A gravidez pode ser metafórica, pois, uma vez cativada, a pessoa abandonada repentinamente tem que lidar sozinha com algo que dentro dela, e apenas dentro dela, foi vivido como real. Esse "bebê" não interessa ao *puer*, pois não será divino, perfeito e, afinal, não é ele que o carrega, ele está livre.

Tudo o que é real, terreno e que chama para a vida tem pouco valor para ele. E não são raras as vezes que a notícia de uma gravidez real pode produzir o mesmo efeito. Onde houver um ponto "sem volta" de compromisso, será o momento do voo para longe e do repúdio ao outro. Infelizmente, é aqui que as histórias dos vínculos fantasmas geralmente terminam.

O "Eros", ou "a Eros" (com a licença da concordância), passa um tempo se curando das feridas egoicas e, em seguida, parte para engendrar outro vínculo fantasma, geralmente sem querer ou achar que deve alguma explicação para a "Psiquê" anterior. Até porque quase sempre imagina que ela é a culpada pelo término, pois não soube compreendê-lo. Talvez a mãe tivesse razão, "Ela não estava mesmo à sua altura, você é um deus!". Ou talvez ainda lhe cole o rótulo de castradora, que queria privá-lo da liberdade. Nem sequer desconfia de que ninguém precisa castrá-lo ou prendê-lo, pois ele mesmo já faz isso ao se negar a experiência de um relacionamento humano verdadeiro, tornando sua própria vida infértil. Há uma canção do Skank, "Acima do sol", em forma de conselho aos *puers* fantasmas.

> Quando muito ainda pouco
> Você quer infantil e louco
> Um sol acima do sol
> Sim, eu sei que ela só vai
> Achar alguém pra vida inteira
> Como você não quis
>
> Não quero estar sendo mal
> Moralista ou banal
> Aqui está o que me afligia[2]

Enquanto "Eros" volta para o "castelo dourado", "Psiquê" vai parar nos sofás dos consultórios de psicologia, tão desnorteada que geralmente a primeira coisa que quer é descobrir o que fez de errado.

COMPLEXO DE PSIQUÊ

Pode parecer absurdo, mas só para quem observa de fora. Quem está dentro do olho do furacão não consegue ter a visão clara. E faz parte da constituição psíquica humana querer entender, precisamos compreender as situações da vida, a busca por sentido é inata. Atribuímos sentido às coisas à nossa volta o tempo todo; na falta de elementos objetivos, criamos os nossos próprios, projetando nossas peças internas: crenças, inseguranças, projeções e medos. Assim como fazem muitas crianças diante da separação dos pais, acreditando que é culpa delas quando nada mais faz sentido. Obviamente, também encontraremos alguma responsabilidade nas pessoas deixadas no vale, mas nesse momento elas só precisam compreender que entraram em uma situação de fim já esperado, e aceitar que não há nada a fazer. Mas aí mora um perigo perverso engendrado pela própria psique: da mesma forma que a princesa do conto decide passar por provas e humilhações, assim faz a vítima do vínculo fantasma quando não consegue enxergar, ou aceitar a situação.

Ela pode ficar inconformada, ou com a ilusão de que tem a possibilidade de transformar alguém que não quer ser transformado, que seu amor será capaz de salvar o outro da escuridão e do sofrimento em que teoricamente se encontra. Quando a história continua, talvez seja possível alguma transformação, mas nem sempre a história continua e, enquanto para o *puer* a "fila já andou", o outro ainda pode passar muito tempo acreditando-se capaz de reacender a chama, que ele ou ela "não esquecerá o que houve entre nós", "tenho certeza de que sou especial" etc.

Já perdi a conta de quantas vezes tive que esperar meses a fio até que algum laivo de claridade penetrasse na mente da pessoa vitimada pelo *puer*. É realmente muito duro entender que não representou nada além do que mais um na fila do pão daquele que julgava ser seu grande amor. Mas, infelizmente, só o tempo responde a essa atitude. Resta agora compreender o motivo de isso ter acontecido e, principalmente, quantas vezes!

O que eu diria às "Psiquês" como diferencial para saberem se vale a pena ou não persistir? É claro que há casos em que o mito se desenrolou por completo e "Psiquê", depois de comer grama e ralar o rosto no asfalto e nas redes sociais, viu "Eros" voltar. Bom, se ele em pouco tempo quiser voltar, se sentir a falta, talvez haja uma esperança de que algo esteja valendo a pena, mas pouco tempo significa de fato pouco tempo. E, como o tempo é relativo, é sempre perigoso fazer essas afirmações, mas é melhor fazê-las que não deixar nenhum tipo de parâmetro para o leitor, justo por estar constelando o arquétipo de Psiquê.

Mas devo alertar novamente para o fato de que é muito comum que o imaturo deseje retornar assim que sabe que a pessoa está bem e que superou a separação. Portanto, cuidado se parecer muito com a criança que se desinteressa por um brinquedo e, assim que outro coleguinha o pega, o brinquedo é reinvestido de valor, pois o valor não está no objeto em si, e sim na posse do que é valorizado de algum modo por outros.

Enfim, querer encontrar sempre um *puer* para salvar não leva a nada, faz com que a pessoa seja tão neurótica quanto o seu par complementar. E reitero, muitas vezes, mais do que gostaríamos de acreditar, concretizamos fora as questões internas ainda pendentes, pois parece ser a única maneira de entrar em contato com elas. Por estarem muito escondidas, na parte mais intensa da sombra, dificilmente conseguimos compreender ou suspeitar de que se trata de um padrão interno; que temos uma frequência acionada internamente que capta outra em sintonia com ela. Escolher sempre pessoas com esse perfil pode estar escondendo um *puer aeternus* ainda mais agressivo no inconsciente, aquele que não quer se relacionar também, que não quer crescer.

Porém, tampouco o ego tem a capacidade de admitir que essa é a questão, e jamais se enxergaria como alguém que abandona. Por esse raciocínio, a única maneira de garantir o estado de *puer* sem ônus para a própria imagem pessoal ou social é ser abandonado sempre. A motivação também pode ser outra: conquistar e domar aquele que ninguém antes conseguiu; nesse caso, trata-se de orgulho e jogo de poder. Em pouco tempo, o "animal" domado já não valerá muito, pois não é mais um desafio. Esses são investimentos neuróticos estéreis, dignos de um *puer* ou *puella* do tipo "Casanova" disfarçado de "Madre Teresa" para si mesmo.

6
As quatro fases fundamentais da psique: criança, herói, regente e sábio

Quando um ser humano chega ao mundo, não precisa se preocupar em aceitar ou não uma força arquetípica, já nasce investido do arquétipo da criança divina, também conhecido como *puer aeternus*.

Como foi dito, assim como qualquer arquétipo, o *puer aeternus* tem dois polos, e a criança divina é o polo construtivo. É o estado que manifestamos quando surgimos do mistério. E o que seria o mistério? Como o próprio nome sugere, é o que está além da compreensão; é parcialmente observável, porém não abarcável em sua essência.

Essa qualidade é comum aos arquétipos e, por conseguinte, ao inconsciente coletivo. A psique de uma criança que nasce está muito próxima do inconsciente coletivo, segundo Jung, que, aos poucos, vai se tornando mais conectada com o mundo objetivo à medida que começa a estruturar o eu. Nesse tempo, a criança que ainda está envolta no númen do inconsciente coletivo encanta os adultos e deve ser preservada. É durante esse mesmo período que faz a dupla divina complementar com a mãe, como Jesus e Maria ou Ísis e Hórus, por exemplo.

Quando cresce, esse arquétipo passa a funcionar como auxiliar e, se tudo estiver certo, sempre estará a postos para atuar quando ela precisar de seus atributos, a alegria, a jovialidade, a leveza, a esperança e a força no renascimento. É por meio do arquétipo da criança divina que conseguimos nos conectar com as crianças quando já somos adultos, porém conscientes do lugar que ocupamos; e, principalmente, conseguimos renascer quando é preciso; a criança divina é a responsável pelo renascimento durante toda a vida.

Na adolescência, ocorre a transição da criança para o herói. É sob a égide do arquétipo do herói que a psique infantil toma impulso, força e coragem para seguir seu destino rumo à vida adulta. Não é à toa que o herói enfrenta monstros perigosos, reconhece suas fraquezas, descobre qualidades e talentos, além das armas especiais que só a ele cabe manejar, mesmo que tenham sido conquistadas do inimigo ou ofertadas por magos e fadas.

Seja como for, é trilhando esse caminho que começamos a nos apropriar do que realmente somos, a jornada nos torna mais conscientes de nós mesmos e de nossa missão. Por isso, o arquétipo do herói merece a denominação de arquétipo central, pois sem incorporá-lo não vamos a lugar algum, permanecemos presos na infância, como a fruta que apodreceu verde sem nunca ter amadurecido.

Lembro como se fosse hoje de uma aula que dei para alunos da PUC-Rio, cujo tema era justamente o arquétipo e a jornada do herói. Falava do chamado do herói, que pode se dar de algumas formas e que alguns não o aceitam de primeira, tentam fugir, mas depois se enchem de coragem e seguem em frente; e que o tipo de atitude diante do chamado revela o tipo de personalidade do herói, que são tão diversas quanto as nossas, e que cada um enfrenta à sua maneira as provas e as missões que lhe cabem segundo suas habilidades próprias.

Nesse momento, uma aluna fez uma pergunta: "O que acontece se não atendemos o chamado de jeito nenhum?" Olhei para aqueles trinta jovens na minha frente, sabia que estava falando de cada um deles, do momento exato de suas vidas, e inesperadamente me emocionei, como está acontecendo agora, e uma lágrima começou a rolar. "É uma morte em vida", respondi. "Se estão com medo dos perigos à frente, saibam que o pior monstro é aquele que espreita os que ficam."

Fiquei emocionada por saber quantos deles estavam perdidos e sem rumo, sofrendo imensamente o efeito da nossa época, nosso *zeitgeist*[1] de chuva ácida que dissolve tudo que toca, mas não coagula. As pessoas se perdem num mundo de possibilidades, ficam sem rumo, e acabam entrando nos becos do labirinto que Dédalo construiu para o rei Minos guardar seu monstro: inúmeras possibilidades que não levam a lugar algum.

AS QUATRO FASES FUNDAMENTAIS DA PSIQUE

É uma situação difícil, carecemos de um mentor, aquele que treina o herói e o auxilia a se tornar ele mesmo e, assim, vencer, vencer a si mesmo. O próprio "adulto" que parece ter perdido o rumo reverbera seus medos e suas descrenças no coração dos mais jovens.

Como já dizia Jung, a maior crise que enfrentamos nos dias de hoje é a crise de sentido. Para viver, precisamos de um sentido, e, quando não conseguimos nos expandir em espíritos mais largos, até mesmo o dinheiro servirá como meta. E por mais pífio e insustentável que seja a longo prazo, ainda é melhor do que nada, pois os que não têm nada acabam por tirar as próprias vidas com mais frequência do que gostaríamos de crer.

Mas o fim da missão do herói não é de fato o fim, é o início de uma outra jornada, a de regente, ou rei e rainha, senhor e senhora, dos seus domínios. O herói tem um ímpeto e muitas vezes é visto como egoísta, pois sua meta é a missão acima de tudo. Quando, porém, começa a transição para regente, algumas coisas precisam mudar, pois a adaptação ao mundo material na justa medida individual faz parte da jornada. É o momento análogo ao crescimento das raízes da semente e dos subsequentes cultivos.[2]

Nesse estágio, além de conquistar, surge também o dever de preservar o que tem valor. Ele é o responsável, aquele que assumiu compromissos. O regente sempre está acompanhado de pessoas que dependem de suas atitudes e decisões; portanto, é quando começa a equilibrar a energia impetuosa e apaixonada que obteve como herói com a busca pela sabedoria e temperança. Agora, o jovem passa a ser capaz de desempenhar, a seu modo, o papel que cabia a seus pais ou aos que dele cuidaram. Mas o regente sempre é também herói, e precisa ser, pois, havendo novos desafios, o arquétipo volta a atuar, porém a serviço do rei, ao mesmo tempo que já tem dentro de si o vir a ser de um sábio que o aconselha.

Com o tempo, o regente vê sua descendência amadurecida, pronta para receber os súditos que ele próprio guiou e as terras que fez prosperar até aqui. Está livre para colocar as energias para dentro de novo, assimilar o conhecimento amealhado e transformá-lo em sabedoria. Porém, não some por completo, o regente continua a fazer parte da vida, mas em sua característica mais lunar; ressurge quando há a necessidade de clarear caminhos, de aconselhar regentes e auxiliar heróis, mas o investimento de suas forças agora se volta para a compreensão dos mistérios da vida. Originalmente, a imagem do sábio era muito venerada, pois ele era o repositório da sabedoria de um povo. Na visão de Jung, é primordialmente nessa fase que acontece o processo de individuação, por volta dos 40 anos de idade,[3] ou seja, o início da transição de regente a sábio (análogo à figura do mago).

Sabemos o quanto este lugar encontra-se esvaziado nos dias de hoje, em que o grande sábio encarnou nos buscadores da internet; muita informação, sem sabedoria. A desvalorização dos mais experientes, por incrível que pareça, está na raiz da imaturidade patológica, pois, se envelhecer é sinal de pouco valor, é natural que se faça de tudo para evitar chegar até lá. Dentro dessa realidade, a depressão acomete tanto os mais velhos quanto os mais novos, pois as fases se tocam. O sábio e a criança são semelhantes, pois ambos têm contato mais próximo com a região do mistério, ou, em outras palavras, do nascimento e da morte, do inconsciente.[4]

Tenho razões para crer que uma tal atitude se estabelece depois da primeira metade da vida, constituindo uma preparação natural para a morte. A morte é um acontecimento anímico tão importante como o nascimento e, como este, é parte integrante da vida. O que ocorre com a consciência desligada depois do fim definitivo, eis uma questão à qual o psicólogo não pode responder. Qualquer que seja sua posição teórica, ele teria que ultrapassar, sem a esperança de consegui-lo, os limites de sua competência científica. No máximo, pode indicar que as ideias do nosso texto, em relação à intemporalidade da consciência desligada, se harmonizam com o pensamento religioso de todos os tempos e com a maioria esmagadora da humanidade; quem tirar o corpo dessa questão, sairá da ordem humana ou estará sofrendo alguma perturbação do equilíbrio psíquico. Na qualidade de médico, esforço-me por fortalecer a crença na imortalidade, especialmente quando se trata de pacientes idosos que se defrontam com esse problema, de um modo mais imediato e premente. Segundo uma perspectiva psicológica mais correta, a morte não é um fim, mas uma meta, e a vida se encaminha para a morte, passado o meio-dia. A filosofia ioga chinesa baseia-se nessa preparação instintiva para a morte como meta, analogamente à meta visada na primeira metade da vida – procriação e propagação da espécie. A segunda meta é a da existência espiritual, mediante a geração e o nascimento de um corpo-alento ("subtle body"), que garante a continuidade da consciência separada.[5]

Está configurado um típico quatérnio arquetípico, dos muitos que existem e constelam na vida dos seres humanos. O próprio Jung falou longamente a respeito da estrutura quaternária da psique. Eis aqui mais uma.

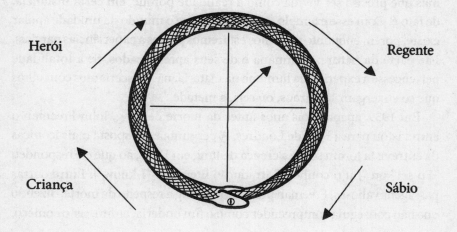

Vida-morte ou O mistério

Trata-se de um círculo urobórico, em que o fim é o começo.

É muito complicado para algumas pessoas compreenderem que nascimento e morte representam o mesmo ponto. Faz parte da nossa defesa egoica contra o aniquilamento, uma espécie de programa de autopreservação, viemos equipados com ele. Mas, quando nos sentimos fortes o bastante, podemos compreender o que está atrás do véu de Ísis, na linguagem do esoterismo clássico.

O maior exemplo, que passa acima de nossas cabeças diariamente, é o sol. Quando acompanhamos sua jornada pela abóbada celeste, aguardamos o romper da aurora a leste como o seu nascimento; e quando ele some de nossas vistas, a oeste, há algo análogo à sua morte, ou poente. Porém, o nascente e o poente só existem na nossa percepção, é uma ilusão.

Ao mesmíssimo tempo em que o sol morre, está nascendo, só que em outro lugar. Na verdade, nunca nasce e nunca morre, apenas sai do alcance de nossa visão limitada e parcial. Ele nem sequer se move, nós é que giramos à sua volta.

A lição mais profunda é que o movimento cria a ilusão de polaridade, mas que precisa ser vivida como a realidade porque, em certa instância, de fato é. Com esse exemplo, entendemos que o mundo da unidade apolar existe, porém enquanto vivermos estaremos presos a experiências parciais. Faz parte da natureza humana e de seus aprendizados. Se a totalidade pertencesse à experiência humana na matéria, não nasceríamos com olhos que só enxergam 180 graus, ou seja, a metade.

Em 1959, apenas dois anos antes da morte de Jung, John Freeman o entrevistou para a BBC de Londres. A pergunta e a resposta mais icônicas da entrevista foram sobre a crença de Jung em Deus, ao que ele respondeu "Eu sei" ou "Eu o conheço" [tradução literal de "I know"]. Entre outras passagens valiosas, Freeman perguntou a Jung a respeito da morte, dizendo que não conseguia compreender como o fim poderia, enfim, ser o começo.

J. Freeman – O senhor escreveu algumas frases sobre a morte que me surpreenderam um pouco. Lembro que o senhor disse que a morte é psicologicamente tão importante quanto o nascimento e que ela é parte integrante da vida. Mas ela não pode ser como um nascimento se é um fim, ou pode?

C.G. Jung – Certo se ela for um fim, mas não estamos muito seguros sobre esse fim, porque existem as faculdades especiais da psique, ela não é inteiramente limitada pelo espaço e tempo.

JF – Bem, o senhor nos disse que deveríamos considerar a morte como um objetivo...

AS QUATRO FASES FUNDAMENTAIS DA PSIQUE 139

CGJ – Sim.

JF – E que nos esquivar dela é fugir da vida e torná-la sem propósito.

CGJ – Sim.

JF – Que conselho daria às pessoas idosas se a maioria delas realmente crê que a morte é o fim de tudo?

CGJ – Eu tratei de muitas pessoas idosas e é muito interessante o que o inconsciente faz com o fato de estar aparentemente ameaçado com um fim total. Ele menospreza tal fato. A vida se comporta como se fosse prosseguir; assim, acho melhor que uma pessoa de idade viva na expectativa do dia seguinte como se tivesse que passar séculos. Então ela viverá adequadamente. Mas, se ela tiver medo, se não tiver expectativas, ela olhará para trás, e ficará petrificada, rígida, e morrerá antes do tempo. Mas, se estiver viva e aguardar ansiosamente a grande aventura à sua frente, então ela viverá, e é mais ou menos isso que o inconsciente pretende fazer.

CGJ – Lógico, é obvio que todos nós iremos morrer, esse é o triste fim de tudo, mas há algo em nós que aparentemente não acredita nisso. Mas esse é apenas um fato, um fato psicológico, que não significa para mim que prova algo, simplesmente é assim.[6]

AS ARMADILHAS DO HERÓI

Descrevi anteriormente algo que se assemelha ao fluxo da transição ideal de um arquétipo a outro, porém cada transição e cada estágio trazem armadilhas e entraves que podem estagnar a jornada de uma vida. Tenho muito o que falar a respeito desse assunto que, por si só, daria outro livro, mas, como o foco desse momento é a imaturidade que gera o vínculo fantasma, vou me concentrar no que concerne a esse aspecto.

VÍNCULO FANTASMA

Uma pessoa dominada pela imaturidade em um estágio muito inicial do desenvolvimento psíquico e emocional nem sequer chega a aceitar o chamado do herói. Permanece fixada em alguma parte da infância, e, quanto mais regredida for essa fase, pior será. Em alguns momentos parecerá navegar de bom grado, pois o simples fluxo cronológico a empurrará com os outros, é ainda uma oportunidade de despertar já dentro do processo de transição e assumir a missão pessoal, mas, caso isso não aconteça, rapidamente observaremos que onde os outros prosseguem, a pessoa vai ficando para trás, até que a imaturidade e inabilidade de seguir em frente se tornam aparentes. Não se trata de padrões estáticos de comportamento, tampouco é o caminho da individuação, mas sim de seguir as etapas seguintes da vida com o movimento evolutivo da maneira que lhe é peculiar, pois não somos idênticos. Mas a marca da estagnação é inconfundível.

É importante lembrar que não é apenas na fase do *puer* que existem os riscos de estagnação, cada uma delas possui seus desafios e perigos a serem superados além das constantes ilusões e armadilhas dos adversários. No caso daqueles que atendem ao chamado do herói, o desafio é conseguir passar para a fase de regente, que não é um passo óbvio. Em seu livro *A conquista psicológica do mal*, Heinrich Zimmer apresenta diversos contos, dentre eles, aventuras dos heroicos cavaleiros da Távola Redonda. E aponta para exemplos de heróis que, embora tenham aceitado corajosamente o chamado, caíram em armadilhas que os deixaram estagnados nessa fase.

Mesmo que tenham de fato realizado feitos extraordinários, não realizaram a sua jornada, pois ainda eram muito imaturos e lhes faltava controle sobre as próprias paixões. Pois sim, o herói que de fato é vitorioso vence as paixões, é rei primeiro na própria casa, ou seja, domina coração e mente, de modo que ambos sejam um.

Como exemplos dessa situação lastimável, Zimmer cita os cavaleiros Lancelote, Tristão e Balin. Os dois primeiros são enfeitiçados e permanecem fixados em *animas* proibidas: a rainha Guinevere, esposa do rei Arthur, e a rainha Isolda, esposa do rei Marcos, ambos seus soberanos respectivamente. Portanto, quando não conseguem resistir ao impulso e tomam para si, em segredo, as esposas daqueles a quem juraram fidelidade incondicional,

AS QUATRO FASES FUNDAMENTAIS DA PSIQUE

adquirem a indelével marca da traição e da mentira, que sela o desastroso destino de sua vida e daqueles que estão à sua volta, provocando, inclusive, a derrocada dos reinos.

O poder do qual são investidos para realizar grandes feitos e impulsioná-los, quando utilizado de forma infantil e egoísta, em vez de ser projetado contra as adversidades e os inimigos, regride e se volta contra eles mesmos. A mesma sorte se abate sobre Balin que, por onde passa, leva sem querer a marca da morte e da destruição. Assim define Zimmer:

> Como Balin, Lancelote foi excluído da vida humana normal e daquilo que requer a existência real de um homem. Nunca se tornaria um esposo ou um pai de família, sendo condenado a permanecer celibatário e galante. No papel imutável do amante perfeito, ele, embora não virtuoso, era ao mesmo tempo algo mais e algo menos que humano. Dominou a sociedade da Távola Redonda e até hoje consegue cativar-nos a imaginação. Apesar de sua derrota, *sir* Lancelot era mais interessante e mais humano que os cavaleiros de coração puro.[7]

Quando Zimmer afirma que, mesmo tendo fracassado, Lancelote inspira maior interesse, ele quer dizer que desperta o sentimento de afinidade, já que é mais fácil para a maioria dos mortais se identificar com o derrotado, ter empatia pelas dores e percalços não superados, velhos conhecidos.

Assim como ele, muitas pessoas estagnadas não são más, apenas equivocadas e perdidas, realizam o mal sem intenção, são amaldiçoadas. Talvez, como Lancelote, ainda não saibam como quebrar o feitiço que as impede de ir adiante, e o cavaleiro de coração puro seja um ideal ainda distante. Se por um lado isso pode ser um conforto, é também uma armadilha, pois a marca do destino arquetípico desses heróis é a morte em vida. No caso de Lancelote, a redenção só chega através de Galahad, seu filho com Elaine. Uma nova vida, uma encarnação do seu lado positivo, livre do feitiço.

Em psicologia junguiana, o feitiço significa algum complexo inconsciente, arraigado e inacessível, que domina a vontade da psique consciente, que se sente impotente, impelida a repetir padrões e comportamentos como uma marionete comandada por uma força maior. Essa força maior é a força do inconsciente e dos arquétipos quando já estão irremediavelmente constelados.

Às vezes, a única saída é uma ruptura radical antes da conclusão do destino previsível, o que só é possível através da profunda conscientização dos complexos. Contando apenas com o esforço da vontade consciente, a empreitada será árdua, e a recaída quase inevitável. É preciso nascer duas vezes, como já dizia William James, para que uma verdadeira metanoia aconteça.

A respeito de Balin, falarei um pouco mais em outro capítulo. Mas, Aquiles também pode ser adicionado a esse grupo. Não era seu forte conter seu temperamento bastante impetuoso que, ao mesmo tempo que fazia dele um grande guerreiro, também o deixava à mercê dos próprios impulsos, sobre os quais não tinha muito controle. Dessa forma, quando mata e profana o cadáver de Heitor, o honrado herói e príncipe troiano que está destinado a ser rei, sela também seu destino matando essa possibilidade dentro de si mesmo; além de cometer uma desonrosa *hybris*[8] quando arrasta o corpo de Heitor e nega-o à sua família para ser sepultado.

AS ARMADILHAS DO REGENTE

Ao regente compete prestar atenção à ganância e ao apego pelo poder. Às vezes, as pessoas reconhecem a adaptação em excesso como sentido de vida, em que importa a ampla adaptação ao que o mundo externo pede da vida. Porém, há um determinado momento em que o que era um impulso válido começa a não ser mais; não nutre como antes as profundas questões que se apresentam ao ser humano.

Quando as coisas tomam o rumo que lhes é próprio, sobra ao regente uma parcela maior de energia para realocar em prol da interiorização e do autoconhecimento; mas esse exercício também faz com que seja necessária a consciência de que somos finitos. Muitas pessoas, no entanto, não se sentem confortáveis com esse movimento, e continuam a ser movidas

AS QUATRO FASES FUNDAMENTAIS DA PSIQUE

pela valorização de conquistas materiais ininterruptas, mesmo que não faça mais sentido ganhar tanto dinheiro, é o estar no "jogo". Portanto, é a sensação de conquista eterna, que caracteriza a compulsão, que "nutre" o regente estagnado. Desse modo, falta-lhe base para iniciar um processo de interiorização concomitantemente às suas tarefas que, obviamente, não precisariam cessar.

Outro fator importante a ser citado é a identificação com o trono e a coroa, ou seja, acreditar que é o rei quando, na verdade, seria melhor dizer que "está rei". Quando um soberano morre, outro entra em seu lugar para incorporar o arquétipo do regente. Logo, "o rei" é e não é uma pessoa, mas sim a concomitância do lugar arquetípico constelado em um ser humano. O arquétipo é eterno, mas os seres humanos, não. Porém, quando há a identificação com o lugar, há o medo de deixá-lo, causando enrijecimento, e o que antes era utilizado para liderar, começa a ser revertido em benefício próprio para manter o poder.

Mais uma vez, as forças construtivas não perdoam aos que dela fazem mau uso, e se convertem no oposto, se tornam destrutivas. Há então pessoas regendo nos mais diversos contextos – cargos públicos, escolas, condomínio, empresa, igrejas etc. – que se transformam em tiranos sem perceber, pois acreditam que o que vem deles, mesmo do lado sombrio e de seu ego limitado, é divino.

A Bíblia nos dá um exemplo positivo, com final feliz: o destino de Nabucodonosor, rei da Babilônia, que na época tem como conselheiro, o profeta Daniel, um dos maiores intérpretes de sonhos de que se tem notícia, ao lado de José do Egito. O rei tem um sonho que é interpretado por Daniel como uma advertência para retomar, enquanto há tempo, a atitude de humildade e arrependimento pelos excessos como soberano.

Mas como é de esperar de alguém com o ego inflado, ele não o escuta e, em seguida, perde não apenas o lugar de rei de uma nação, como também o lugar de rei de si mesmo, pois é privado de sua consciência humana. Insano, vaga por anos com as feras até o dia em que recobra a consciência e volta a exercer suas funções com sabedoria, humildade e parcimônia.

AS ARMADILHAS DO SÁBIO

No caso do sábio, o orgulho se apresenta como grande armadilha, ele domina a sabedoria e o sobrenatural, e os vê como a manutenção de poder. Verdade seja dita que muito dessa inflação tardia advém da necessidade de equilibrar a crescente desvalorização dos anciãos. Quando tudo é descartável e está registrado na internet, as pessoas "não produtivas" perdem a utilidade. Esta questão pode estar na raiz da negação dos regentes que de fato estão entrando na maturidade.

No romance de J. R. R. Tolkien, *O Senhor dos Anéis*, há o exemplo de sábios que temem sucumbir e, de fato, sucumbem ao poder insuflado pelo anel. O mago Saruman, o Branco, em princípio superior a Gandalf, o Cinzento, devido a seu grau hierárquico e de evolução, deveria ser capaz de resistir aos encantos do poder, mas, talvez por isso mesmo, estava inflado, identificado com a sua condição, sendo presa fácil. A própria elfa Galadriel, símbolo de sabedoria, não passou facilmente pela prova do anel.

Por estar próximo do inconsciente, o sábio pode se identificar com ele e se misturar a esses conteúdos acreditando não que fluem através dele, mas que são criados por ele. Mais uma vez, como no caso do regente, ele acha que seus atos são em si justificados e santificados.

É fácil averiguar a veracidade desse fenômeno no caso de líderes espirituais que, ao menos ao que parece, atuam bem como guias e médiuns no início de sua jornada e caem na insanidade e na criminalidade pela inflação do ego. É bem possível que não tenham passado por todas as fases da forma como é preciso, deixando muitos aprendizados inacabados e, com eles, brechas através das quais a sombra do coletivo se conecta com a sombra interior.

Qualquer um com a intenção de inverter essa trajetória, de burlar o caminho, em um momento ou outro irá cair para começar do zero, e terá sorte se ainda houver tempo e não tiver quebrado muitos ossos durante a queda.

Cada início de fase também é o início da transição para a próxima, em que o arquétipo anterior não some, apenas sai de evidência. Vale lembrar que as

AS QUATRO FASES FUNDAMENTAIS DA PSIQUE

coisas não acontecem do dia para a noite na psique, embora algumas vezes possa parecer assim. Nesses casos, algo já estava sendo gestado, invisível, no subsolo do inconsciente, e brota à vista do mundo consciente.

A REGRESSÃO DO LAR PARENTAL

A transição da infância para a vida adulta não é uma época exatamente fácil. Embora algumas pessoas possam realizá-la com relativa facilidade, sempre existirão questões a serem trabalhadas. Nenhum herói ou heroína, por mais vitoriosos que possam ser, saem de sua jornada sem uma pontinha de imaturidade que será trabalhada mesmo depois de o objetivo principal ter sido cumprido. De forma que, na vida real, uma pessoa madura é aquela que adquiriu uma boa porcentagem de maturidade para lidar com a maior parte da vida adulta sem que ela represente um monstro enorme e ameaçador.

Digamos que é o famoso "vai como pode, mas vai". Esses não são *puers*. Digamos que, na nossa realidade, a travessia se apresenta talvez mais turbulenta em comparação às sociedades primordiais. Por algum motivo, desconsideramos as premissas tão claras que tinham nossos ancestrais a respeito da dificuldade de passar de uma fase para outra. Prova disso é que dispunham de sofisticadas tecnologias psicológicas para auxiliar a travessia: rituais elaborados de passagem tanto para rapazes quanto para moças – embora devamos reconhecer que o arquétipo do herói tem contornos mais dedicados à psique masculina. Jung atribui tal fato por ser ainda mais difícil para o filho se separar da mãe do que para a filha, pois ela é a sua primeira representação da *anima*, como no caso de Deméter e Core, ou Perséfone.

> A primeira portadora da imagem da alma é sempre a mãe; depois, serão as mulheres que estimularem o sentimento do homem, quer seja no sentido positivo ou negativo. Sendo a mãe, como dissemos, a primeira portadora dessa imagem, separar-se dela é um assunto tão delicado como importante, e da maior significação pedagógica. Encontramos por isso, já entre os povos

primordiais, um grande número de ritos que organizam tal separação. Não é o bastante passar para a idade adulta e nem mesmo separar-se exteriormente da mãe; são celebradas consagrações como homem, particularmente impressionantes, e cerimônias de renascimento que efetivam plenamente o ato de separação da mãe (e, portanto, da infância).[9]

As meninas tinham um poderoso aliado biológico que auxiliava nesse processo, a menarca, que, no entanto, não resolvia toda a questão. Elas precisam deixar morrer a "mãe boa demais" para enfrentar seus próprios monstros, como bem explicita Clarissa Pinkola Estés em seu livro *Mulheres que correm com os lobos* no conto "Vasalisa, a sabida".

> A época durante a qual a "mãe positiva" da infância tem sua força reduzida e na qual suas atitudes também desaparecem é sempre ocasião para um importante aprendizado. Embora haja um período nas nossas vidas no qual permanecemos acertadamente próximas à mãe protetora (por exemplo, quando ainda somos crianças mesmo, quando de uma recuperação de uma doença ou de um trauma espiritual ou psicológico, ou ainda quando nossa vida corre perigo e o fato de ficar quieta nos manterá a salvo), e embora mantenhamos um vasto estoque de sua ajuda para toda a vida, também chega a hora de mudar de mãe, por assim dizer. Se ficarmos mais tempo do que o normal com a mãe protetora dentro da nossa psique, vamos nos descobrir impedindo todos os desafios de nos atingirem, o que prejudica o desenvolvimento futuro.[10]

A poderosa força regressiva exercida pelo mundo materno era amplamente reconhecida como um risco para a entrada no mundo adulto, e boa parte dos rituais eram dedicados a esse corte. Meninos e meninas eram retirados da casa dos pais e passavam a habitar outra moradia, com jovens que estavam no mesmo momento de vida, e seus responsáveis eram homens e mulheres sábios da comunidade, que se tornam seus mentores nessa travessia.

Dessa forma, a projeção familiar recaía na comunidade, que formava uma irmandade, unida pelos mesmos propósitos. Depois dos rituais, que

AS QUATRO FASES FUNDAMENTAIS DA PSIQUE 147

muitas vezes incluíam o risco real de morte, eles renasciam como jovens adultos da comunidade. Não havia mais volta, a linha havia sido cruzada.

No nosso caso, não existem rituais que delimitem linhas claras que deem a certeza de que nos tornamos adultos, de que vencemos uma etapa de transição. Existe uma espécie de limbo em que um jovem se sente adulto, é cobrado dessa forma, porém, como ainda é dependente, é colocado no lugar de criança.[11]

A situação é deveras conflituosa, aumentando consideravelmente, portanto, o desenvolvimento de neuroses. Sem mencionar que não há mais um bom número de mentores confiáveis que deem conta de auxiliar, na condução da jornada, a encontrar o caminho. Os adultos de modo geral parecem também presos em seus conflitos pueris, necessitando de ajuda. Assim, esse arquétipo é projetado em grupos de amigos, tão imaturos quanto eles, em ídolos distantes, ou em falsos mentores que oferecem um caminho milagroso.

As psiques imaturas, que nesse aspecto independem da idade, são presas fáceis de falsos mentores, e têm a tendência de aderir a "ismos" sem ter certeza de que isso de fato os representa como indivíduos. Essa tendência tem aumentado, justo pela diversidade de caminhos e bifurcações apresentados. Se por um lado é extremamente libertadora a possibilidade de diversos caminhos, há o risco desesperador de se perder e não encontrar nenhum. Mas as pessoas não suportam ficar sem caminho por muito tempo. A psique precisa de variedade de escolhas, mas também precisa fazer as escolhas, pois elas dão forma e sentido à jornada. Escolher caminhos é uma responsabilidade muito grande para uma psique imatura, que pode simplesmente congelar na primeira bifurcação.

"Bichano de Cheshire[...], poderia me dizer, por favor, que caminho devo tomar para ir embora daqui?"

"Depende bastante de para onde quer ir", respondeu o Gato.

"Não me importa muito para onde", disse Alice.

"Então não importa que caminho tome", disse o Gato.

"Contanto que eu chegue a algum lugar", Alice acrescentou à guisa de explicação.

"Oh, isso você certamente vai conseguir", afirmou o Gato, "desde que ande o bastante."

"[...] Que espécie de gente vive por aqui?"

"Naquela direção", explicou o Gato, acenando com a pata direita, "vive uma Lebre de Março. Visite qual deles quiser: os dois são loucos."

"Mas não quero me meter com gente louca", Alice observou.[12]

Tudo funciona, hoje em dia, mais ou menos como estar caminhando por uma estrada de mãos dadas com os pais e, de repente, ver-se dentro de uma espessa neblina, quase interminável, sem sentir que estão lhe dando mais as mãos. O indivíduo é guiado apenas por vozes que chamam em diversas direções, cada uma afirmando que aquele caminho é o melhor! Ele enxerga poucos passos à frente, sem muita noção se ainda está na estrada certa; haja intuição! Quando dizem que há muitos caminhos, fica-se sem nenhum. É um prato cheio para predadores como ansiedade, depressão, vícios, transtornos alimentares, álcool e drogas de todas as espécies, além de relacionamentos corrosivos. Além disso, eis a pior das armadilhas: acreditar que a estrada não leva a lugar algum e que, então, não adianta seguir.

Depois de alguns anos nessa situação limítrofe, a neblina lentamente se torna mais fina até o ponto em que a pessoa enxerga onde se encontra e, com sorte, constata que conseguiu chegar razoavelmente sã e salva até o mundo dos adultos. Uma tartaruga recém-nascida do Projeto TAMAR tem estatisticamente mais possibilidades de chegar ilesa ao mar do que um jovem da nossa sociedade à idade adulta.

Mesmo assim, não faço coro com os que dizem que o mundo e a juventude estão perdidos e não há o que fazer. Se estão, então é nosso dever, com uma lanterna na mão, procurar por eles caminhando pela já conhecida neblina. Certamente, posso fazer mais pelos meus pacientes e orientandos, e aproveito o valioso período que tenho com meus alunos para contar histórias, que funcionam como bússolas e bálsamos, e responder às suas perguntas tanto quanto puder.

O conteúdo acadêmico tem sua importância, mas a oportunidade de olhá-los nos olhos é um valor sem igual. Também gravo vídeos e escrevo como quem deixa pedrinhas no caminho. Talvez não seja muito, eu sei,

AS QUATRO FASES FUNDAMENTAIS DA PSIQUE

mas é algo, e não estou só. Volta e meia na neblina encontro pessoas com lanternas poderosas, cantos lindos e palavras potentes que chamam os que têm olhos para ver e ouvidos para ouvir. É bonito.

SAUDOSISMO DA INFÂNCIA

Boas lembranças de uma infância feliz são muito bem-vindas na história de uma pessoa, mas identificá-las como "a melhor fase da vida" vai nos deixar com uma pulga atrás da orelha. Um saudosismo exagerado pode ser o sinal de que boa parte da energia afetiva esteja retida por lá e que, talvez, as realizações e as ligações tecidas na idade adulta não sejam vistas como importantes, e sim como um inevitável peso.

Alguns idealizam a infância por ser uma fase de despreocupação, na qual o adulto é o responsável por nutrir as necessidades de uma criança e responder por toda e qualquer decisão. Por isso, em muitos casos, a infância significa acolhimento, conforto e segurança garantidos. Em algum momento, a criança percebe que um dia ela precisará ocupar esse lugar. Aí está uma diferença de sentimentos que determinará atitudes futuras; enquanto tal possibilidade empolga e anima algumas crianças, causa medo e pavor em outras à medida que se tornam mais conscientes dessa realidade. Temem não "darem conta" de garantir para si e outras pessoas o que os pais proporcionam.

Se por um lado pais bons demais podem gerar esse efeito, pais e mães insuficientes também. Pessoas sem base parental adequada podem ficar eternamente presas ao desejo de receber o tão almejado afeto e reconhecimento materno, que representam a "bênção" para ir em frente, aquelas palavras e atitudes que dizem "Vai que você consegue! Confio em você".[13] Como a bênção não vem, não se mexem. Mais uma vez, os extremos são as causas dos mesmos transtornos.

Até aqui falamos sempre dos jovens, mas devemos lembrar que os ritos de passagem eram salutares também para os pais, principalmente para as mães que, naturalmente, sentiam dificuldade em se apartar de suas amadas crias. O lugar no mundo era ressignificado, não o afeto, ou talvez seu tipo de manifestação e exercício.

Por esse motivo, os ritos de passagem, de qualquer fase para a seguinte, tinham o simbolismo de morte e consequente renascimento. É um recurso sábio e engenhoso de impedir o refluxo ao estágio anterior. Para que fosse eficiente, sempre havia um risco real ou a vivência de algo que incutisse o medo específico da morte, que era então vencida. Os resquícios de ritos que chegaram até nós não têm a magia capaz de promover uma travessia inequívoca de um ponto a outro. Porém, acredito que as provas estão dispersas na nossa vida ordinária, ao acordar e virar a esquina de qualquer grande cidade. Um arquétipo tão essencial apenas muda de forma, é um gênio fora da garrafa nos dias de hoje, pois já não conhecemos muito a respeito de seu funcionamento e não o encapsulamos em lâmpadas e cabaças.

PSIQUE MUNDI

Assim como a psique do indivíduo, a *psique mundi* também estaria sujeita às trajetórias espiraladas cônicas e pendulares, ou seja, passando de um extremo a outro em um longo movimento compensatório de milhares de anos, que se inicia a cada vez que um dos extremos é tocado. Em algum momento, cruzaríamos rapidamente o ponto de equilíbrio, mas a própria natureza polar clama pelo seu oposto e, mais uma vez, passaríamos pelo caminho do meio sem sequer perceber que estávamos próximos.

Por ser um movimento cônico, há a esperança de que os polos se estreitem e que passemos por eles ao menos um grau acima que na volta anterior. Não deixa de ser um esquema otimista e realista, em vez de acreditar que do dia para a noite acordaremos por alguma fórmula mágica, seja por pílulas, ou *ismos* mais evoluídos e conscientes.

Concordo plenamente com a concepção de Jung que, apesar de ter vislumbrado a existência e o funcionamento do inconsciente coletivo, nunca quis propor uma "terapia" de massa, pois o que chamamos de sociedade, ou humanidade, só se elevará quando cada ser humano elevar a própria consciência. Sabendo como são nossos irmãos e a pessoa do espelho, aquela que encontramos todos os dias ao escovar os dentes, temos uma ideia de como será longo o processo de transformação da humanidade.

AS QUATRO FASES FUNDAMENTAIS DA PSIQUE

Em relação às polaridades, e utilizando a ampliação dos simbolismos alquímicos, tão caros a Jung, a máxima mais elementar da alquimia já citada há pouco é o lema "dissolve e coagula". Em termos bem simples, o grande objetivo é transformar metais ordinários em ouro, ou a consciência ordinária em consciência superior, o humano de ouro, incorruptível como o metal mais nobre.

Partindo do princípio de que toda matéria é constituída dos mesmos elementos, as partículas, sendo a sua forma específica um arranjo, "uma adaptação" dessas partículas, como já afirmava a "Tábua de esmeralda",[14] o processo de depuração para chegar à transmutação consistiria no constante exercício de separar esses elementos, *separatio*, *solutio*, por meio do qual os elementos pudessem ser depurados e, finalmente, rearranjados, coagulados, em uma versão cada vez mais refinada do metal, e/ou da consciência.

Só que esse movimento não se daria como um processo milagroso feito uma única vez; muito pelo contrário, é uma constante, em que aquilo que foi coagulado, por mais que seja uma versão mais pura que a anterior, está longe de ser perfeito e, assim, deve ser dissolvido e coagulado incontáveis vezes por meio de intrincados processos, como a putrefação, a ação do fogo etc. No paralelo humano, podemos compreendê-los como as situações da vida, nos depurando até chegarmos ao estado transmutado. Por isso, o primeiro atributo do alquimista é a paciência. E, muitas vezes, a mistura pode explodir, sendo preciso começar tudo de novo.

Após essa breve explicação, quero dizer que, se olharmos para a história com algum distanciamento, constataremos que chegamos a um momento de extrema rigidez, ou seja, o firme positivo, que se contraiu até perder a flexibilidade e se tornou uma massa densa sem movimento, mas nada pode permanecer parado em um mundo onde a marca é o movimento.

Psicologicamente falando, quando as regras de contingência ultrapassam o ponto onde deveriam manter a regulação do sistema e passam agora a impedir os movimentos, gera-se uma energia contrária à concentração, uma dispersão que pode se tornar violenta e oposta.

Na busca por preservar a ordem vigente, as contingências se tornam cada vez mais rígidas, o que pode funcionar aparentemente por um tempo, mas, ao mesmo tempo, aumenta e muito a pressão do sistema até que as explosões se tornem inevitáveis. O descontrole e a falta de sabedoria, marca dessas explosões, são a raiz dos problemas.[15]

Com isso, quero dizer que o pêndulo infelizmente não se move em trajetória constante, mas quase sempre em solavancos de explosões. Assim a humanidade caminhou, munida de picaretas com o objetivo de derrubar os muros para promover a necessária reforma na casa.

Porém, como a equipe não era exatamente tão bem treinada quanto os arquitetos e pedreiros do templo de Salomão, alguns alicerces foram abaixo junto com as paredes, e boa parte do telhado caiu na cabeça dos bem-intencionados trabalhadores. O pêndulo estava mais parecido com aquelas bolas de demolição do que com pêndulo de Foucault.

Embora as atitudes da psique coletiva sem dúvida alguma influenciem a forma e a intensidade desse movimento, também devemos reconhecer que ele acontece como força da natureza, sem que possamos atribuí-lo em si aos seres humanos. Os geólogos sabem muito bem que o próprio movimento de formação do nosso planeta é um legítimo movimento de dissolução e coagulação, de magma incandescente e fluido a pedra fria e sólida, glaciações e degelos, a pangeia antes coesa que se separa. Mas, diferentemente de nosso movimento atabalhoado, a terra sabe como realizar seus fluxos e, talvez, tenha a intencionalidade da *anima mundi*, que está além da nossa compreensão. É como Krishna, um dos três senhores da criação, afirma no Bhagavad Gita: "Eu sou a origem e também a dissolução do universo."

Desertos já foram mares e mares já foram desertos. Grandes civilizações floresceram, dominaram o mundo e se desfizeram. Enquanto estivermos na vivência humana material ao menos. Um ser humano quando nasce é a expressão de algo que coagula, reúne os elementos necessários e, depois de algum tempo, se dissolve, e seus elementos são liberados novamente, ocorrendo a *separatio*, a dissolução do que estava unido; mas, em seguida, um novo ciclo recomeça. Não é possível evitar o movimento, mas podemos usá-lo a nosso favor e nos equilibrar com ele.

Quando o que era rígido perde seu propósito, é positivo que seja dissolvido para dar lugar a algo novo, o que não significa que é um processo sem dor, muito pelo contrário: pontos de mutação são sempre críticos e limítrofes, assim como os partos.

AS QUATRO FASES FUNDAMENTAIS DA PSIQUE   153

Mas é inegável que nosso fluxo aponta para a *solutio*, por isso acho genial o termo "liquidez" de Bauman. Vemos a terra esquentar, e tudo o que esquenta tende à expansão e à dissolução. O problema é que não temos como saber se a liquefação chegou ao seu ponto máximo e se o passo seguinte é a coagulação, ou se ainda caminhamos para o estágio mais intangível dos vapores da sublimação.

Há pouco tempo, li uma reportagem sobre o triste infortúnio de uma comunidade de pinguins que, devido ao degelo das calotas polares, perdeu uma geração inteira de filhotes que caíram nas águas geladas sem que suas penas estivessem desenvolvidas para que eles resistissem ao frio. Talvez o gelo sob seus pés não volte a se refazer tão cedo. Pensei imediatamente em nossos "filhotes de pinguim".

Mesmo que você não seja lá muito versado ou interessado em astrologia, façamos uma reflexão simbólica a respeito do assunto. A Era de Peixes,[16] que estamos deixando, tem como elemento a água, o solvente universal, para uma era que é representada por um signo regido pelo elemento ar.

Para quem se anima com a chegada do novo, preciso apenas dizer que os signos são compostos por aspectos positivos e negativos e se, por um lado, a expansão é libertadora, por outro, estar solto no ar sem ter onde pousar pode ser uma experiência exaustiva de desamparo e solidão.

Nossos amores, de líquidos, podem estar se tornando gasosos, por demais voláteis e etéreos, portanto, espectrais. O estado gasoso é aquele no qual as moléculas se encontram mais distantes, porém se chocam com mais intensidade, e se repelem ao invés de se unirem. Isso revela muita coisa.

Tudo indica que estamos no meio de um processo de transição, virando a esquina, atravessando um oceano, bem naquele ponto temeroso onde o que passou some da vista e à frente as novas terras ainda não despontaram. Estamos de fato vivendo o fim do mundo, mas não como muitos imaginavam. É o fim de um mundo conhecido para outro, não necessariamente pior ou melhor. Não sabemos. Somos a geração do fim do mundo.

Para quem conhece a trajetória de C. G. Jung, sabe que ele era um estudioso da astrologia,[17] e foi o primeiro a anunciar que nos aproximávamos da transição da Era de Peixes para a Era de Aquário. Em algum momento, os excessivamente otimistas ou ingênuos acreditaram que, quase por milagre, a mudança de eras por si só faria com que as consciências fossem transformadas e traria um mundo livre repleto de fraternidade e paz. Jung jamais disse algo parecido com isso.

Muito pelo contrário, ele sabia que transições de Eras, se bem observadas, são momentos terrivelmente críticos, com direito a eclosão de guerras, epidemias, questionamentos profundos a respeito de religiosidade e sistemas de governo. Mas, por outro lado, também são repletos de sementes férteis que farão brotar novos frutos.

Se a humanidade é algo inteiro, do qual cada um de nós é uma célula integrante, podemos evocar novamente a *psique mundi*. O ciclo de vida de uma simples célula costuma ser bastante breve, enquanto o organismo tem um desenvolvimento e um ciclo de vida que perdura por anos.

Nesse exercício de ampliação, imaginemos que a *psique mundi* se desenvolve através dos milênios. Assim, se supomos ser verdade, como tudo nos leva a crer, que antes do período patriarcal tivemos também o período matriarcal, ele equivale ao desenvolvimento do mundo de um ser humano que, inicialmente, se funde com o universo materno para depois se aproximar do universo do pai e, em seguida, trilhar o caminho do herói.

Se assim for, com a contestação atual das regras do "mundo do pai", entramos naquela fase da adolescência que quer destituir o velho para que o novo surja. É condizente com a transição de eras. Assim, nos encontramos em plena crise de adolescência coletiva, com direito a mudanças hormonais e dúvidas em relação aos diversos caminhos a seguir, sem convicção sobre qual escolher, representando presas fáceis para as armadilhas típicas da adolescência, e com medo de crescer. Enquanto alguns vão em frente, outros permanecem regredidos, sem romper o círculo parental, seja no estágio materno, seja no paterno.

Esse é um dos ângulos pelos quais podemos observar a mesma questão, e compreender o motivo pelo qual há a identificação tão massiva com a mentalidade adolescente do *puer aeternus* destrutivo e estagnado, em oposição a um forte impulso construtivo pelo novo.

Mas, em meio a tudo isso, ainda acredito ser possível encontrar um equilíbrio, assim como os pássaros, que alçam voos cada vez mais altos e

AS QUATRO FASES FUNDAMENTAIS DA PSIQUE

guardam a sabedoria sobre quando e como construir ninhos. Talvez sejam eles os nossos grandes ícones da nova era.

DISSOLVE E NÃO COAGULA

Algo me diz que passamos do ponto da cultura do indivíduo como existência dentro do coletivo para a cultura do individualismo, o oposto polar do estado de união mística. Como dito anteriormente, o "dissolve e coagula" é um movimento que rege o conjunto da natureza, porém em algum momento atinge uma relativa estabilidade em que as coisas parecem se acomodar para que a vida continue.

Jung descreve a mentalidade das sociedades primordiais baseada em uma psicologia de grupo em detrimento de uma psicologia do indivíduo vivida por nós no mundo atual. Estamos em um estado tão diametralmente oposto da mentalidade primordial que é até difícil imaginar tal concepção. A noção de sujeito como indivíduo é uma maturação, e está de acordo com a *solutio*, com o desmembramento, com pequenas partes que compõem o todo; não à toa, uma das marcas do nosso tempo é a moderna concepção atômica. A própria psicologia nascente, de Wilhem Wundt,[18] a gestalt, a psicanálise e a psicologia analítica estão situadas nesse contexto, pois a análise é separar os elementos para compreender o conjunto, assim como compreender os elementos no conjunto para formar o novo.

Nas sociedades primordiais, o sujeito enquanto indivíduo nunca vinha antes de seu grupo, não apenas familiar, mas tribal. A comunidade lhe dava sentido: ser um integrante de determinada tribo significava ter traços psicológicos comuns; a obediência aos ritos, às regras e aos tabus garantia a saúde psíquica e a coesão do grupo, que dependia de sua união para sobreviver; até mesmo elementos da natureza, como animais e plantas, faziam parte desse sistema de pertencimento, influenciando psicologicamente aqueles que por participação mística estivessem a eles ligados. Em um cenário assim, o banimento era uma pena quase que de morte.

Um resquício disso seria a generalização de características psicológicas atribuídas coletivamente a determinado povo; porém, quando conhecemos um indivíduo de carne e osso, as características individuais vêm antes das "tribais", que nem sequer merecem ser nomeadas, pois resta pouco sentimento de parentesco e afinidade profunda entre as pessoas que nasceram, por exemplo, na cidade do Rio de Janeiro, a menos que formem uma minoria em outro país. As aldeias foram diminuindo de significância psicológica que, por muito tempo, permaneceu preservada nos pequenos clãs: as famílias. Mas, hoje, a família também apresenta esgarçamento em seus laços de permanência, fidelidade e colaboração, isolando o ser humano em uma existência bastante instável e solitária.

Se casamentos se desfazem com facilidade, os vínculos familiares também já não são garantia perene; apenas a consanguinidade de primeiro grau parece ainda fazer algum sentido, se muito. Esse salto foi possível graças à possibilidade de uma vida independente. Cada vez estamos mais nômades e plugamos nossas tomadas em qualquer lugar, e por um punhado bom de dinheiro virtual compramos comida em qualquer mercado ou feira, inclusive pronta, assim como quaisquer itens necessários à sobrevivência material.

A transgressão de um membro da família não é mais um problema de todos, apenas de indivíduo para indivíduo. E há muito tempo que as maldições familiares viraram coisa de tragédia grega. Bom, ao menos em princípio, pois a prática clínica explica que não é tão simples assim; as heranças indesejáveis foram deslocadas para o inconsciente, mas continuam a atuar.

Nada realmente desaparece, no máximo, some da vista, pois tudo que está no consciente manifesto tem seu oposto no inconsciente não manifesto. Assim, se na consciência nos tornamos extremamente individuais, talvez nunca tenhamos obedecido tanto a uma psicologia de massa, um anseio de conexão, não mais com a tribo local, mas difuso pelo globo. Quando a individuação não é uma possibilidade, a psique do indivíduo se torna uma camada frágil que pode facilmente, sem a sua consciência, ser dominada por conteúdos enquanto a pessoa jura de pés juntos que pensa por conta própria e é livre. Por isso há sujeitos absolutamente "originais" repetindo padrões "inovadores" aos milhares.

Quando o sentimento de solidão é intenso, há uma tendência em buscar uma espécie de comunidade, e, nessa busca, desavisados facilmente caem

AS QUATRO FASES FUNDAMENTAIS DA PSIQUE

em armadilhas. Organizações religiosas de idoneidade duvidosa, times, partidos, líderes idealizados adquirem contornos sagrados, pois respondem ao simples desejo de pertencimento e à necessidade de orientação, regras, ordens, como fazem o pai ou a mãe de uma criança pequena.

Quando o gelo simplesmente começa a derreter embaixo dos nossos pés, e não há sinal de que vai se formar uma nova base, a ansiedade toma conta de corações e mentes. Flexibilizar ao extremo os laços afetivos dá a ilusão de controle, mas, por outro lado, gera medo da solidão e uma fome de contato humano consistente, real, que não é bem identificável. Mas ninguém quer perder a liberdade; relacionamentos humanos estáveis precisam de comprometimento; e a imaturidade corrosiva não permite, não suporta, que eles se formem. É como querer uma omelete sem quebrar os ovos: deseja-se segurança, mas sem oferecê-la ao outro.

Essa é a gênese de uma neurose, o conflito aparentemente insolúvel. Como sintoma de tal estado incongruente, a solução parece ter sido criar momentos de "experiências" de relacionamentos profundos. É o vínculo fantasma, um sintoma que, como qualquer sintoma, é a tentativa fracassada de cura, ou de reequilíbrio.

> Pois os sintomas neuróticos não são efeitos de causas passadas, ou seja, da "sexualidade infantil" ou do "impulso de poder infantil",[19] mas também tentativas de uma nova síntese de vida. Tentativas frustradas, não resta dúvida, mas que nem por isso deixam de ser tentativas, com um germe de valor e sentido. São embriões abortivos devido a condições desfavoráveis de natureza interna e externa.[20]

TRANSITORIEDADE E IMATURIDADE CORROSIVA

> *É uma ideia tola que os homens têm. Eles acreditam que Eros seja sexo, mas está errado, Eros é relacionamento.*[21]
>
> Carl G. Jung

VÍNCULO FANTASMA

Dissolver e transformar é diferente de corroer. Na *solutio*, com os elementos separados de sua forma anterior, ganhamos a possibilidade de rearranjos mais adequados às novas necessidades. Na Antiguidade, muitos templos foram construídos segundo a orientação de estrelas principais. As estrelas mudam de posição em um movimento lento através dos anos. De modo que, em algumas centenas de anos, o tal templo não estava mais alinhado com os astros. A solução era desmontá-lo, pedra por pedra, e reconstruí--lo em outra posição, reorientado de acordo com as mudanças do tempo.

Havia valor nas construções, elas mereciam o investimento. Quando entramos em contato com casais que permaneceram unidos por longos anos em relacionamentos saudáveis (são poucos, admito), observamos a capacidade de movimentos individuais, porém coordenados, de modo que dançassem juntos pela vida, e não graças ao enrijecimento e à acomodação. Não significa que não houve dores, riscos e percalços, como já dizia Jung: "Raramente, ou melhor, nunca, um casamento evolui para um relacionamento individual de forma serena e sem crises. Não há conscientização sem dores".

Porém, nas relações em que é acrescentado elevado grau de acidez, assistimos ao fenômeno da corrosão dos elementos indiscriminadamente. A corrosão promove a impossibilidade de reconstrução. Quando dissolvemos padrões de relacionamento enrijecidos, ainda há algo para rearranjar de outra forma mais adequada. Mas, se a água mercurial[22] contiver um alto nível de acidez, ocorre a corrosão das pedras do templo. Não à toa, o fenômeno da chuva ácida tem sido uma constante no nosso tempo. Embora ela exista na natureza, foi perigosamente intensificada pela ação humana, ameaçando plantações e monumentos.

Naturalmente, o modelo enrijecido de relacionamento de duzentos anos atrás se tornou insustentável; neste *zeitgeist* da *solutio* era muito improvável que a instituição do casamento tal como havia se consolidado não tivesse as bases revistas. O direito ao divórcio e o advento do anticoncepcional, por exemplo, provocaram alegria análoga à derrubada do muro de Berlim. O sexo foi relativamente separado da reprodução, algo pouco imaginável, proporcionando flexibilidade e caráter menos definitivo diante de escolhas não tão bem fundamentadas.

AS QUATRO FASES FUNDAMENTAIS DA PSIQUE

Separações de famílias já constituídas nunca foram, e continuam não sendo, fáceis, principalmente para os filhos; mas diante de determinadas situações, talvez não sejam a melhor solução, mas a menos errada, com certeza. Enfim, estávamos ganhando liberdade para nos relacionar. E, em muitos casos, em que havia apenas o rígido sentimento de dever, abriu-se espaço para a busca de afinidades afetivas legítimas.

Acredito que mais uma vez "passamos batido" pelo caminho do meio. A liberdade conquistada para escolher como se relacionar rapidamente descambou para a liberdade de não se relacionar. Quando as revoluções passam do ponto, fogem do controle, os próprios revolucionários têm suas cabeças pensantes cortadas na guilhotina. A mesma revolução que separou oficialmente e, ao que parece, definitivamente sexo de relacionamento, no rearranjo reduziu relacionamento a sexo.

Parece que o desejo não era de que o sexo fosse livre, mas que fosse livre de qualquer sentimento e responsabilidade. Enfim sexo deveria ser só sexo, desvinculado tanto de sua consequência biológica quanto de seu alto grau de envolvimento amoroso.

Quando ganhamos a liberdade para falar abertamente de sexualidade como fator natural da vida biológica e psicológica, alcançamos um avanço significativo no desenvolvimento dos estudos a respeito das motivações humanas em diversos níveis. Mas, mais uma vez, dormimos e passamos do ponto. Quando acordamos, uns cem anos depois, descobrimos que não era mais o sexo que fazia parte do relacionamento, era o relacionamento que fazia parte do sexo.

Considero um desacerto falarmos nos dias de hoje da problemática sexual sem vinculá-la ao amor. As duas questões nunca deveriam ser separadas, pois se existe algo como a problemática sexual, esta só pode ser resolvida pelo amor. Qualquer outra solução seria um substituto prejudicial. A sexualidade simplesmente experimentada como sexualidade é animalesca. Mas como expressão do amor é santificada. Por isso não perguntamos o que alguém faz, mas como o faz.[23]

A supremacia da sexualidade sobre todas as outras motivações humanas, defendida pela psicanálise de Freud, foi a reconhecida motivação para que Jung se separasse de Freud. Não se trata da relevância da sexualidade, nunca negada por Jung. A gênese da questão, na verdade, estava na visão de mundo materialista de Freud *versus* a psique imortal e sagrada de Jung, que considera o ser humano como portador de um sentido maior, que transcende a materialidade e os instintos biológicos. Uma visão que inclui a essência imortal da psique. É, enfim, uma questão de conflito de paradigmas, comum em momentos de transição da humanidade. A respeito desse assunto, ainda acho muito válido ler Thomas Kuhn.[24]

O excesso de despedaçamento, sem que nada de novo e coerente coagule, produz um estado coletivo esquizoide. Marie-Louise von Franz esclarece[25] sobre esse caráter polar e destrutivo quando analisa o livro *Das Reich Ohne Raum* [O reino sem espaço] (1986), de Bruno Goetz, em que são retratadas as polaridades das normas rígidas e estéreis, presentes através do personagem Von Spatz, em eterno conflito com o personagem Fo,[26] representante do também estéril polo da desconstrução e devassidão pelo prazer extremo, como a turba conduzida ao êxtase em homenagem a Baco.

Outra obra quase profética, de 1945, é *Admirável mundo novo*. Segundo o próprio autor, Aldous Huxley, a ideia não era fazer um julgamento, mas expor de forma gritante dois extremos do comportamento humano e a mudança daquilo que poderia ser considerado moral com o avanço do paradigma do consumo *versus* o comportamento também inflexível do selvagem.[27] Seu universo futurista é uma reflexão a respeito do destino e da essência da alma humana, diferentemente de outras obras de ficção científica consideradas proféticas no campo político, como *1984*, de George Orwell, ou no campo da interação entre humano e tecnologia, como em *2001: Uma odisseia no espaço*,[28] de Stanley Kubrick e Arthur Clarke. No livro, Huxley tem como foco o desenvolvimento das relações humanas e dos limites da psicologia comportamental aplicada ao extremo *versus* a natureza humana que eclode quando menos se espera. A tecnologia e a política estão presentes como pano de fundo.

O livro mostra o cotidiano de um futuro distópico, comandado por uma elite restrita dotada de uma inteligência que não foi quimicamente

AS QUATRO FASES FUNDAMENTAIS DA PSIQUE   161

reduzida durante a "gestação" em esteiras como as de uma fábrica de produção de bebês predestinados a funções específicas. Ser pai ou mãe, gerando ou cuidando, é um tabu, vergonha máxima a ser evitada a todo custo, assim como ligações fortes que lembrem vínculos familiares, enquanto as relações sexuais estéreis, com um parceiro diferente a cada dia, são moralmente estimuladas.

O condicionamento é voltado para o consumo acelerado e para o descarte. Em um diálogo, a protagonista Lenina e uma amiga lamentam o fato de uma bolsa de três meses já estar muito velha, sendo necessário substituí-la. O uso abusivo de drogas para evitar emoções desagradáveis é lícito e estimulado, mesmo que cause a morte prematura, muito mais desejável que a temida velhice, adiada por incríveis recursos tecnológicos e químicos.

Nesse universo, o impulso pelo sagrado é canalizado para Ford, considerado um novo avatar no lugar de Cristo. A intenção de Huxley era chocar o público para provocar a reflexão. Mas não me surpreende que algumas pessoas leiam *Admirável mundo novo* quase com a sensação de que talvez Huxley fosse um "pouco moralista demais", pois afinal era um homem de outra época e hoje essas coisas não chocam mais, pois muitas pessoas já vivem no "admirável mundo novo". É uma infelicidade que a obra de Huxley também tenha se tornado profética.

O erotismo constitui um problema controvertido e sempre o será, independentemente de qualquer legislação futura a respeito. Por um lado, pertence à natureza primitiva e animal do homem e existirá enquanto o homem tiver um corpo animal. Por outro lado, está ligado às mais altas formas do espírito. Só floresce quando espírito e instinto estão em perfeita harmonia. Faltando-lhe um dos dois aspectos, já se produz um dano ou, pelo menos, um desequilíbrio, devido à unilateralidade, podendo resvalar facilmente para o doentio (...) "Eros é um grande demônio, declara a sábia Diotima a Sócrates. Nunca o dominamos totalmente; se o fizermos, será em prejuízo próprio. Eros não é a totalidade da natureza em nós, mas é pelo menos um dos seus aspectos principais.[29]

Epílogo: em busca de sentido

Quando Sidarta Gautama, o Buda, nasceu, seu pai, ciente de que a criança se destinava a uma missão muito maior, ficou preocupado. Afinal, ele não desejava ter como filho um ser superior, mas sim um bom herdeiro para seu trono. Assim, tomou as providências necessárias para que dentro dos muros do palácio nada faltasse ao filho, e que ele só tivesse uma vida de ininterruptas alegrias, que não conhecesse a feiura, a velhice, a fome e a morte.

Assim Sidarta cresceu, se casou com uma bela jovem e teve um lindo filho. Sua vida era perfeita e realizada. Mas eis que um dia, obedecendo a um forte impulso interior, desejou conhecer o mundo fora dos limites do palácio. Desesperado, o pai manda que recolham os mendigos, velhos e doentes para que o filho veja o lado de fora como reflexo do que já havia dentro.

Mas, mesmo com todos os cuidados, ele avista em um beco um homem muito velho, enrugado e curvado. Como nunca vira coisa semelhante, foi atrás dele e, atravessando os perímetros de beleza superficial, adentrou a cidade e conheceu a doença, a velhice, a pobreza e a morte. Sidarta voltou ao palácio, encontrou a esposa e o filho dormindo e, por mais difícil que fosse, decidiu que precisava partir para compreender qual era o sentido de tantas contradições, o sentido da vida, mesmo que para isso precisasse renunciar aos luxos e confortos da casa do pai.

Partiu em busca de si mesmo e da alma dos outros seres humanos aos quais desejava um dia poder contar a respeito de suas descobertas, livrando-os do sofrimento da dualidade. Para tanto, ele mesmo viveu o oposto do que tinha vivido até então, tornando-se um pedinte esfarrapado e esfomeado, até entender, em um momento numinoso, que a união dos

VÍNCULO FANTASMA

opostos, o equilíbrio, era o verdadeiro caminho, e que o sentido da vida é a consciência superior da unidade através da transcendência dos opostos primordiais que cindem a alma humana.

A história do Buda é infinitamente mais profunda do que rascunhei nestas linhas. Mas, creio que é o exemplo daquele que aceitou o chamado divino e foi viver a vida a ser vivida. Simbolicamente, a primeira parte da vida de Sidarta corresponde à vida da criança, protegida pelo mundo parental, em que não precisava fazer nada, era especial e "divino", visto que era príncipe. Assim, tornou-se jovem adulto, mas vivia alienado do *complexo oppositorium* que se manifesta tanto no mundo como na psique.

Apesar de tudo, seu crescimento naquele universo foi honrado e não maldito, o fez vivenciar um dos extremos da vida e nele produziu um filho, que se tornaria um dia o herdeiro de que seu pai necessitava, um pedaço dele mesmo, mas eram realizações e conquistas da matéria. De qualquer maneira, não poderia sacrificar a sua totalidade. Sidarta percebeu que a vida em que o eu, ou ego, era o centro parecia ser o todo não passava de um círculo menor circunscrito em um todo infinito, e foi em busca do seu *self*, o centro da totalidade da psique.

Em termos de psicologia analítica, ele foi em busca de seu processo de individuação. O que não se faz sem sacrifício. Ao aceitar o chamado do espírito, Sidarta atravessa as dores de ser simplesmente ninguém, um pária, sujeito à fome, ao frio, ao calor e à chuva. Por mais paradoxal que seja, ele honrou dessa forma a criança divina que estava destinada a ser; de outro jeito, teria estagnado, o que fatalmente o faria constelar o lado negativo, da criança inconsequente ou fora da realidade. Com isso, ele chegou ao fim do sofrimento, venceu os conflitos e se tornou um com o eu maior.[1]

Do ponto de vista simbólico da jornada do ser em busca da consciência superior, quando Sidarta deixa o filho no mundo do pai, ele faz também o sacrifício da própria criança interior que, em muitos mitos, é de fato despedaçada ou morta para depois renascer em uma forma espiritual, dessa vez como auxiliar e guia, cedendo lugar ao adulto como protagonista desse capítulo da vida.

EPÍLOGO: EM BUSCA DE SENTIDO

Seguir o exemplo de Sidarta não é largar tudo e sair correndo; é, antes, não ceder às forças regressivas infantis de facilidades limitantes, representadas pelas atitudes do pai. É ver o mistério do nascimento e da morte e desejar compreender o máximo possível seu significado, é atender ao chamado da vida que precisa ser vivida e que, absolutamente, não pode ser imitada nem cumprida por qualquer outra pessoa que não nós mesmos.

É, antes de tudo, olhar corajosamente para o sentimento de vazio que arrebata os que já têm tudo e entender que é hora de se permitir adentrar o mundo da iniciação dos mistérios, entender o que, em cada um de nós, é sagrado. Quando descobrirmos verdadeiramente o que é sagrado em nós, descobrimos o que é sagrado em cada ser humano, e jamais poderemos deixar de honrar o semelhante que habita em cada um.

E isso não é algo que se consegue realizar em um workshop de feriado, meditando e comendo alimentos orgânicos – nada contra, eu mesma medito e como orgânicos, mas é exatamente por isso que afirmo ser mais importante a coragem de assumir um compromisso com a vida a ser vivida a cada manhã; se o workshop fizer surtir esse efeito em todos os dias seguintes, então está valendo.

Não sei o quanto é possível chegar, no espaço de apenas uma existência, ao estado do Buda, ou do Cristo, mas o que interessa é cada um descobrir a sua estrada, e o quanto se dispõe a andar por ela, faça chuva ou faça sol. Esse é o significado das peregrinações ancestrais, caminhar do lado de fora para encontrar a estrada do lado de dentro. Assim como também não adianta só andar até Santiago de Compostela sem fazer a trilha interior, o universo não está interessado em calos, mas na capacidade de amar, o outro e a nós mesmos. Se andar e ficar com calos fizer parte da conscientização verdadeira, então de novo está valendo.

A maior parte das pessoas talvez não tenha uma vida imortalizada por grandes feitos; logo, o que não é acessível a todos não pode ser o sentido da vida como alguns querem fazer parecer. Se todas as vidas têm sentido, como acredito que tenham, o sentido da vida deve estar igualmente acessível a cada um, aos grandes gênios e aos mais simplórios dos humanos: a possibilidade de construir relações verdadeiras e dignas com aqueles que

166 VÍNCULO FANTASMA

participam da nossa jornada neste chão. Talvez, a qualidade das relações que tecemos ao longo da vida seja a única coisa de valor eterno que deixaremos e levaremos para onde quer que possamos ir

> Para o humano,[2] a questão decisiva é esta: você se refere ou não ao infinito? Tal é o critério de sua vida. Se sei que o ilimitado é essencial, então não me deixo prender a futilidades e a coisas que não são fundamentais. Se o ignoro, insisto que o mundo reconheça em mim certo valor. Por esta ou aquela qualidade que considero propriedade pessoal: "meus dons" ou "minha beleza", talvez. Quanto mais o homem acentua uma falsa posse, menos pode sentir o essencial e tanto mais insatisfatória lhe parecerá a vida. Sente-se limitado porque suas intenções são cerceadas e disso resulta inveja e ciúme. Se compreendermos e sentirmos que já nesta vida estamos relacionados com o infinito, os desejos e atitudes se modificam. Finalmente, só valemos pelo essencial e se não acedemos a ele a vida foi desperdiçada. Em nossas relações com os outros é também decisivo saber se o infinito se exprime ou não.[3]

Nessas palavras finais, não quero passar a ideia de que sou um ser individuado ou que estou no nirvana. Sou só mais um ser humano na jornada, partilhando do destino da humanidade: chegar, partir e, neste meio-tempo, aprender a amar. Enquanto sigo nos meus caminhos, costumo cantar, e gostaria agora de cantar para vocês todos que, de coração, chegaram até aqui, estejam em um polo ou outro, na busca legítima da consciência que nos torna hoje melhores que ontem, afinal, nossos caminhos se cruzaram.

> Viver e não ter a vergonha
> De ser feliz
> Cantar e cantar e cantar
> A beleza de ser um eterno aprendiz
> Ah, meu Deus!
> Eu sei, eu sei
> Que a vida devia ser bem melhor
> E será

EPÍLOGO: EM BUSCA DE SENTIDO

Mas isso não impede
Que eu repita
É bonita, é bonita
E é bonita[4]

A fantasia aqui me deixou / e como uma roda movida igualmente / meu desejo e minha vontade voltavam / com o amor que move o sol e as estrelas.[5]

Agradecimentos

Praticar a gratidão nos eleva.

Embora muitos livros tenham apenas um autor na capa, todos nascem a partir do empenho de muitos, pois, como gosto de dizer: nascemos para conviver.

Este livro em especial fala a respeito da importância dos vínculos reais, portanto preciso honrar as pessoas que me ofereceram esse vínculo, sem elas talvez não tivesse muito a dizer: minha família de origem, meu pai, Lindo, meu irmão, Alex, e em memória de três mulheres extraordinárias: minha avó, Ana, minha sogra, Glorinha e especialmente minha mãe, Maria. Gratidão àqueles que me fizeram compreender profundamente o que é amar, Ricardo e nossos filhos Luisa e Davi. Também às belas companhias que encontrei para caminhar nessa aventura que é viver, minha madrasta Edite e meus enteados, Gabriel, Maria e Miguel.

O trabalho que apresento aqui traz a marca de grandes amigas. Bianca Pancini, minha sócia e irmã, sem a qual não existiria o Centro Junguiando, que, junto com a querida Claudia Fadel, me incentivaram desde o início e revisaram o primeiro esboço. A minha eterna orientadora suficientemente boa, Monique Augras, que me honrou com o prefácio e dicas valiosas para a organização do texto. Cristina Rego Monteiro, que, além de fazer a orelha do livro, me empresta a dela sempre que preciso de conselhos, uma amiga ímpar.

A minha estimada equipe do Centro Junguiando, em especial a Júlia Klinger, amiga valiosa e sócia, pelo afeto e pelas impagáveis a respeito do tema durante os nossos encontros.

Também quero ser grata à talentosa Raïssa Castro, que, sincronicamente, me abriu as portas da Editora Record, e aos editores Lucas Telles, Thaís

Lima e Júlia Moreira, que com sua equipe dedicada e atenciosa fizeram o projeto virar realidade.

E por fim, que também é o início: a força inefável e misteriosa que rege tudo o quanto há.

Anexo I:
Eros e Psiquê

Há muito tempo, em uma data que a memória não alcança mais, havia um rei que tinha três filhas, todas muito belas. As duas mais velhas não tardam a encontrar pretendentes. Porém, a terceira permanece solteira, apesar de ser a mais bela de todas. A beleza de Psiquê transcendia a esfera humana de tal maneira que os homens faziam procissão para adorá-la. Mas não para casar com ela, pois, para eles, ela é a encarnação da própria Afrodite, deusa do amor e da beleza, nascida entre os mortais. Afrodite fica irada com a ousadia da reles mortal e planeja um jeito de se vingar da garota. Dá ao filho Eros, o cupido, "menino alado e de maus costumes, corruptor da moral pública e provocador de escândalos, uma incumbência urgente. Levou-o à cidade, onde vivia a linda Psiquê, e pediu-lhe que a fizesse apaixonar-se pelo mais horrendo dos homens. Beijou-o, muitas vezes, com os lábios entreabertos, e retornou a seu hábitat preferido, o bojo macio do mar".[1]

Preocupado com o futuro da filha, o rei consulta o oráculo de Apolo, que lhe dá a terrível instrução: Psiquê deve ser levada até um rochedo, no qual será deixada amarrada, oferecida em sacrifício a um monstro em forma de serpente. Mesmo diante de muito sofrimento, o rei decide obedecer ao oráculo, temendo que a ira dos deuses caia sobre o reino inteiro. Porém, Eros, ao se preparar para executar as ordens da mãe, extasiado pela beleza de Psiquê, acaba se ferindo com as próprias flechas e se apaixonando por ela. Então, pede a Zéfiro, deus dos ventos, que o auxilie em um plano. Assim que Psiquê fosse deixada amarrada e adormecida, ele a levaria até um belo vale e lá a deixaria. Assim é feito, de modo que ao acordar, ainda muito assustada, Psiquê se depara com um magnífico palácio e decide entrar. Lá, servos invisíveis começam a supri-la de tudo o que necessita e a conduzem a uma câmara nupcial. Ao cair da noite, na mais completa escuridão, Eros aparece e se une a ela. Pouco antes dos primeiros raios da manhã, porém, ele parte, de modo que ela não o vê. Os encontros acontecem muitas vezes da mesma maneira e Eros adverte Psiquê de que ela nunca deveria tentar vê-lo, assim continuariam tendo uma vida feliz e tranquila. Caso ela lhe desobedecesse, seria a primeira e a última vez que o veria, pois teria que deixá-la. Psiquê concorda com o pedido. Sabia que era um casamento estranho, mas havia se acostumado aos criados invisíveis e à beleza que a cercava e, embora ficasse muito sozinha durante o dia, a noite sempre chegava com a companhia do amado.

O tempo passa e Psiquê começa a se sentir sozinha, estava saudosa da família e desejosa de ter contato com outros seres humanos. De vez em quando, ouve as irmãs chorando seu destino debruçadas no penhasco onde havia sido deixada amarrada. Pede a Eros que as deixasse vir visitá-la. Eros, relutante, não é capaz de resistir às súplicas da amada e permite a visita. Zéfiro conduz as irmãs dos rochedos ao vale para ver Psiquê. Quando veem que a irmã está bem, elas se enchem de genuína alegria e emoção, se abraçam, se beijam e choram juntas. Em seguida, as irmãs começam a ver onde e como Psiquê vive, e a inveja, um dos sentimentos mais insidiosos, que gosta de brotar principalmente no coração dos mais próximos, domina o coração das duas. Rapidamente, elas percebem que Psiquê havia se casado com um deus, e acham injusto terem que se contentar com maridos mortais, comuns, e casas modestas. Assim que voltam para casa, começam a traçar um plano. Naquela mesma noite, Eros pressente que havia uma ameaça no ar e adverte a esposa: "Não vês o perigo que de longe te ameaça? Se não procederes com a máxima cautela, o destino se abaterá sobre ti. As bruxas traiçoeiras esforçam-se por te armar uma cilada, e a pior armadilha é persuadir-te a contemplar meu rosto. Já te adverti muitas vezes de que nunca mais o verás, se o contemplares uma única vez (...) Dentro em breve teremos um filho. Ainda uma menina, darás à luz uma

ANEXO I: EROS E PSIQUÊ

criança. Se guardares nosso segredo, ela será um deus; se o propalares, será tão somente um ser mortal,".[2]

Psiquê fica muito feliz em saber que seria mãe, ainda mais de uma criança divina! E promete ser cuidadosa.

Da segunda vez que visitam Psiquê, as irmãs começam a fazer perguntas a respeito do marido misterioso. Como Psiquê admite que não sabe como de fato ele é, elas lhe incutem a ideia de que se trata do tal monstro serpente ao qual ela estava prometida, e aguardava apenas pelo nascimento da criança para devorar a ela e ao filho. Por que outro motivo não se deixaria ver se não fosse um horrendo monstro? Psiquê começa a ficar impressionada com os argumentos das irmãs, que só a estavam prevenindo porque a amavam e, aterrorizada, pergunta o que deveria fazer. As irmãs, então, entregam a ela um punhal e uma lamparina de óleo para que no meio da noite, quando o monstro estivesse adormecido, ela o iluminasse e arrancasse sua cabeça. Em seguida, saem correndo com medo da ira do deus e deixam Psiquê sozinha entregue ao seu destino.

Quando a noite cai e Eros adormece, Psiquê acende a lamparina e de punhal em riste se aproxima do marido. Porém, ao vê-lo, fica perplexa, jamais havia visto uma criatura tão bela em toda a vida, seu coração se enche da mais legítima afeição e ela o adora. Mas nesse instante, alheia a tudo, fere-se em uma das flechas de Eros que estava ao lado do leito e deixa escorrer o óleo fervente da lamparina sobre os ombros de Eros. Acordado pela dor da grave queimadura, ele se depara com Psiquê armada com o punhal segurando a lamparina. Imediatamente, voa para longe dela, que ainda tenta se agarrar em suas pernas, mas logo cai no chão.

Descendo das alturas celestiais e pousando num cipreste, Eros fala à amada: "Quantas vezes não te admoestei acerca do perigo iminente, quantas vezes não te repreendi delicadamente. Tuas ilustres conselheiras serão castigadas em breve, por suas pérfidas lições; quanto a ti, teu castigo será minha ausência."[3]

Desesperada, Psiquê só pensa na morte como solução, e está prestes a se atirar nas águas do rio quando Pã, ciente de tudo, acolhe-a e a aconselha a não desistir de Eros, já que o ama. E ela assim o faz.

Enquanto isso, as irmãs invejosas não tardam a querer voltar ao palácio de Psiquê, porém, ao pular do rochedo, Zéfiro não as ampara e elas morrem estilhaçadas nas pedras.

Afrodite, por sua vez, é informada da desobediência do filho e de seus ferimentos graves causados por Psiquê. Enfurecida, a deusa do amor se transforma na deusa do ódio e do ciúme feroz, e fala com o filho:

> Porventura desejas impor-me uma rival como nora? Julgas, realmente, devasso, asqueroso, sedutor intolerável, que somente tu podes ter filho e que eu, por causa de minha idade, não mais poderia conceber? Pois é bom que saibas: gerarei um filho melhor do que tu, ou até mesmo para te humilhar, adotarei um de meus escravos e a ele entregarei tuas asas, teu archote, as setas e tudo quanto carregas para outro fim. Nada do que possuis vem de teu pai, tudo é meu![4]

Psiquê continua a vagar sem êxito em busca do palácio dourado de Afrodite, onde Eros deve estar. Ninguém, nem mesmo as deusas Era e Deméter, ainda que compadecidas de sua condição, querem se indispor com Afrodite. Exausta, como única solução decide entregar-se à fúria de Afrodite na esperança de, mesmo assim, conseguir apaziguar seu ódio de alguma maneira. No palácio de Afrodite, sofre as mais dolorosas humilhações e dores, a deusa até rasga suas vestes e corta seu cabelo. A jovem nada faz, apenas suporta. É nesse momento que, em vez de simplesmente matá-la, que talvez não caísse muito bem para sua imagem de deusa amorosa, Afrodite dá a Psiquê quatro tarefas impossíveis e mortais, afirmando que, se as cumprisse, teria o seu perdão.

Afrodite ordena às servas que tragam sacos contendo os mais diversos grãos e manda que os misturem em um único amontoado. Psiquê deve, no espaço de uma noite, separar os grãos. A porta se fecha e a deixam sozinha. Ela sabe o quanto a tarefa é impossível. Mas eis que uma formiga, que a tudo presencia, se compadece de Psiquê, indignada com a atitude de Afrodite. Observa os grãos e percebe que a tarefa é possível. Convoca então legiões de formigas, que auxiliam a princesa e no espaço de uma noite concluem a tarefa. Afrodite, incrédula, designa a segunda tarefa.

ANEXO I: EROS E PSIQUÊ

Dessa vez, ordena que Psiquê consiga a lã dourada de um determinado tipo de carneiro cujo rebanho vive do outro lado de um rio cheio de redemoinhos e forte correnteza. A jovem se encaminha ao local, desesperançosa, não há muito o que fazer. Quando coloca os pés na água, um humilde junco a aconselha a melhor maneira de proceder. As ovelhas em questão são agressivas e a despedaçariam imediatamente. Tudo que ela precisa fazer é esperar que as horas mais quentes do dia passem, pois ficam agitadas com o calor. Quando o ar refresca, as ovelhas amansam e se retiram para repousar, deixando muitos flocos de lã nos arbustos. E assim faz Psiquê, obtendo uma boa quantidade de lã dourada para Afrodite que, incrédula, demanda a terceira tarefa.

No alto de um penhasco, corre uma fonte de águas cinzentas que alimenta dois rios do Hades, Estige e Cócito. De ambos os lados, é guardada por dois dragões ferozes. Psiquê recebe um vaso de cristal que ela deve encher com a água dessa fonte e levar para Afrodite. Ao chegar aos pés do rochedo, a jovem percebe a impossibilidade de cumprir a tarefa. É nesse momento que a águia de Zeus surge em seu socorro e, com o vaso no bico, dribla majestosamente os dragões e entrega a Psiquê o venenoso líquido. Afrodite entende que Psiquê está sendo auxiliada. E determina a quarta e última tarefa, a mais mortal de todas.

De posse de uma pequena caixa, Psiquê deve descer ao Hades e falar pessoalmente com a deusa dos mortos, Perséfone, para pedir uma pequenina parte de sua beleza para levar à deusa do amor. Psiquê não sabe por onde começar. Só morrendo poderia entrar no mundo dos mortos. Claramente, tem que se matar como pré-requisito para cumprir tal missão. Sobe então em uma torre decidida a se jogar quando a própria torre a instrui sobre como deve proceder e onde encontrar a entrada para o reino dos mortos mesmo viva. Na boca, carregaria duas[5] moedas para pagar ao barqueiro Carontes, ida e volta; também levaria dois bolos para dar a Cérbero, o cão de três cabeças. Ao longo do caminho, teria que se mostrar resoluta e impiedosa, sem prestar atenção a três almas do Hades que a tentariam pedindo ajuda. Se as auxiliasse, ficaria presa para sempre.

Ao chegar diante do trono dos deuses dos mortos, Hades e a bela Perséfone, Psiquê explica o motivo de sua visita. Assim que ouve o pedido de

Afrodite, Perséfone deposita uma parte de sua beleza na pequena caixa e, calada, mostra a saída à jovem. É dito que Psiquê não abra a caixa em hipótese alguma. Mas eis que, no meio do caminho, põe-se a pensar: "Não há de haver nenhum mal em pegar apenas um pouquinho da beleza imortal que está nessa caixa para mim mesma, assim posso me tornar novamente bela para reconquistar meu amado divino." Mas logo que abre a caixa, cai em um sono mortal, pois a beleza da deusa dos mortos é a própria morte.

Eros, nesse meio-tempo, já curado dos ferimentos, fica sabendo das terríveis provas que Psiquê enfrentava para reconquistar seu amor. Encontra um jeito de fugir do cárcere que a mãe lhe havia imposto e parte para encontrá-la. Chega justamente quando ela cai fulminada. Usando seus atributos de deus, recolhe a beleza da morte e a coloca de volta na caixa, advertindo Psiquê delicadamente a não mais ser tão imprudente. E que não se preocupasse dali em diante. Deveria completar a missão ao mesmo tempo que ele tomaria as devidas providências para pôr fim na situação. Então Psiquê leva a caixa até Afrodite.

Enquanto isso, Eros fala com Zeus em busca de sua intervenção. O deus dos deuses, dando razão a Eros, convoca uma reunião com os habitantes do Olimpo.

Deuses, cujos nomes estão inscritos no arquivo das Musas, todos vós conheceis muito bem, assim penso, este jovem que eu próprio eduquei. Julgo ser conveniente refrear de uma vez por todas as desregradas paixões de sua juventude. Chega de ouvir falar em seus escândalos diários no mundo inteiro, mercê de seus galanteios e devassidões. Chegou o momento de tirar-lhe qualquer oportunidade de praticar a luxúria. Cumpre pressionar-lhe o temperamento lascivo da meninice nos laços do himeneu. Ele escolheu uma donzela e roubou-lhe a virgindade. Que ele a possua, que ela o conserve para sempre, que ele goze de seu amor e tenha Psiquê em seus braços por toda a eternidade.[6]

Assim, o próprio Zeus consegue convencer Afrodite a aceitar a união de Eros e Psiquê, e que ela não se preocupasse com sua estirpe manchada por

ANEXO I: EROS E PSIQUÊ

ter o filho casado com uma mortal, pois a tornaria imortal. E cumprindo a promessa, manda que Hermes arrebate Psiquê da terra e a leve ao Olimpo, onde é recebida com uma taça de ambrosia, tornando-se uma deusa imortal. Afrodite resolve que era melhor aceitar a situação e abençoa o casamento.

Pouco depois, nasce a filha de Eros e Psiquê, conhecida pelo nome de Volúpia.

Anexo II:
O sonho de Nabucodonosor

Eis o episódio bíblico citado por Jorge Luís Borges no *Livro dos sonhos*. "Eu estava vendo isto na visão da minha imaginação sobre o meu leito, e eis que um dos que velam e que são santos, desceu do céu. Chamou com voz forte, e disse: Deitai abaixo esta árvore, cortai-lhe os ramos, fazei-lhe cair as folhas e dispersar seus frutos; fujam os animais que estão debaixo dela e as aves que estão sobre os seus ramos. Deixai, todavia, na terra o tronco com as suas raízes; seja ele atado com cadeias de ferro e de bronze entre as ervas dos campos, seja molhado com o orvalho do céu e a sua sorte seja com as feras entre a erva da terra. Mude-se lhe o seu coração de homem, dê-se lhe um coração de fera e passem sete tempos por cima dele. Por sentença dos que velam, assim foi decretado, e esta é a palavra e a petição dos santos, até que conheçam os viventes que o Altíssimo é quem tem o domínio sobre os reinos dos homens, dá-los-á a quem quiser, e porá nele o mais humilde dos homens. Eis o sonho que eu, rei Nabucodonosor, tive. (...) Baltasar (nome dado a Daniel pelo rei) respondeu-lhe e disse: Meu senhor (oxalá que) o sonho seja contra os que têm ódio e a sua interpretação seja contra os teus inimigos. A árvore que tu viste alta e robusta, cuja altura chega até o céu, e que se via de toda a terra (essa árvore) cujos ramos eram formosíssimos e cujos frutos muito abundantes, na qual todos achavam com que se sustentar, sob a qual os animais do campo habitavam, e em cujos ramos as aves do céu pousavam, és tu, ó rei, que tens sido engrandecido e que te fizeste poderoso; cresceu a tua grandeza e chegou até o céu, o teu poder estendeu-se até as extremidades de toda a terra. E quanto ao ter o rei visto o que vela e que é santo baixar do céu e dizer: Deitai abaixo

VÍNCULO FANTASMA

esta árvore e cortai-lhe os ramos, deixai todavia na terra o tronco com as suas raízes, seja ele atado com cadeias de ferro e de bronze entre as ervas dos campos, seja molhado com o orvalho do céu e o seu pasto seja com as feras, até se terem passado sete tempos por cima dele; eis a interpretação da sentença do Altíssimo, que foi pronunciada contra o rei, meu senhor: Lançar-te-ão fora da companhia dos homens, a tua habitação será com os animais e feras, comerás feno como boi e serás molhado com o orvalho do céu; passar-se-ão assim sete tempos por cima de ti, até que reconheças que o Altíssimo domina sobre o reino dos homens e o dá a quem lhe apraz. Quanto à ordem de deixar o germe das raízes da árvore (isso significa que) o teu coração se ficará conservando para se tornar a dar, depois que tiveres reconhecido que o teu poder vem do céu. Portanto segue, ó rei, o conselho que te dou, e resgata os teus pecados com esmolas e as tuas iniquidades com obras de misericórdia para com os pobres; talvez que o Senhor te perdoe os teus delitos. Todas estas coisas aconteceram ao rei Nabucodonosor." (Daniel, 4, 1-25.)

Notas

Prefácio

1. Lynn T. White, *The Historical Roots of Our Ecological Crisis*. Science, n. 155, p. 1.203-7, 1967.
2. Ibidem, p. 1.203.
3. Laënnec Hurbon, *Le Barbare imaginaire*, 1987, p. 296.
4. Carl G. Jung. *Recuerdos, sueños, pensamientos*, 1966, p. 415.
5. Ibidem, p. 419.
6. Carl G. Jung, *Seminários sobre análise de sonhos*, 2019, p. 203.
7. Zygmunt Bauman, *Amor líquido: Sobre a fragilidade dos laços humanos*, 2004, p. 14.

Apresentação

1. Em 1284, conta-se que a cidade alemã de Hamelin estava sendo assolada por uma praga de ratos. Um homem de roupas coloridas surgiu dizendo que em troca de um bom pagamento livraria a cidade dos roedores. Foi acertado o pagamento de uma moeda de ouro por rato. Então o homem tocou sua flauta e todos os ratos o seguiram e se atiraram no rio. Mas os cidadãos resolveram não cumprir com a palavra e não o pagaram. Semanas depois ele voltou enquanto os adultos estavam ocupados e, tocando a flauta, atraiu dessa vez as crianças da cidade, que o seguiram cantando e dançando, até sumirem.

1. Vínculo fantasma

1. Trata-se de uma analogia e não de uma análise do brincar exercido pela criança. Crianças com esse comportamento não estão classificadas como futuros *puers* fantasmas.
2. Zygmunt Bauman, *Amor líquido: Sobre a fragilidade dos laços humanos*, 2004, p. 7.
3. Marion Woodman, *A feminilidade consciente: entrevistas com Marion Woodman*. Tradução de Maria Silva Mourão Netto, 2003, p. 109.
4. Emily Brontë, *O morro dos ventos uivantes*, 2022.

VÍNCULO FANTASMA

5. Carl Gustav Jung, *Os fundamentos da psicologia analítica: As conferências de Tavistock*, 2023, p.102.
6. Cazuza. "O nosso amor a gente inventa" (Estória Romântica). *In: Só se for a dois*. Rio de Janeiro: PolyGram, 1987. Faixa 1.
7. Deus grego que deu aos humanos o fogo roubado do Olimpo. Por esse delito, Zeus pediu a Enfestos que o acorrentasse ao monte Cáucaso, tendo o seu fígado, durante o dia, comido por uma águia, regenerado de noite, para ser comido novamente no dia seguinte por 30 mil anos.
8. Um dos atributos do numem é o contato com aquilo que é sublime e transcende a experiência meramente racional.
9. Carl G. Jung, *O espírito na arte e na ciência. In: Obra completa*, v. 15, 2011, p. 465.
10. Carl G. Jung, "Picasso." *In: O espírito na arte e na ciência*, v. 15, 1932, p. 138.
11. Carl G. Jung, *Civilização em transição. In: Obra completa*, v. 10/3, 2011, p. 123.

2. O jovial e o imaturo

1. Marie-Louise von Franz et al., *Puer aeternus*, 1981, p. 20.
2. Marie-Louise von Franz é uma das analistas pós-junguianas mais relevantes pela extraordinária capacidade de fazer contribuições inovadoras à psicologia analítica mantendo os conceitos centrais de Jung a respeito da natureza da psique, seu destino e processo de individuação; foi capaz de compreendê-los em profundidade e à altura dele.
3. A tradução em latim para o feminino seria, na verdade, *puella aeterni*, mas, para facilitar, continuaremos usando nessa obra o termo *puer* como comum de dois.
4. Lobão. "Decadence avec elegance." *In: Ronaldo foi pra guerra*. Rio de Janeiro: RCA Victor, 1984. Faixa 3.
5. "Por um lado herói, por outro, imaturo, inconsequente, em busca dos louros de uma morte gloriosa. Por que mesmo foi aquela guerra? Ah, por conta de outro imaturo, Páris. Enfim, é isso."
6. Os interessados em astrologia não deixarão de associar essa idade aos efeitos do quarto septênio, ou Retorno de Saturno, que exige o crescimento ou devora aqueles que permanecem infantis. É a morte metafórica, mas também pode ser efetiva para os que não suportam as exigências impostas.
7. Personagem do livro *Assim falou Zaratustra* (1883), de Friedrich Nietzsche.
8. Jung expressa com clareza essa ideia em *Memórias, sonhos, reflexões*: "Naturalmente, nessa época em que trabalhava em torno das minhas fantasias, senti a necessidade de um 'apoio neste mundo': ele me foi dado por minha família e pelo trabalho. Era vital e necessário levar uma vida ordenada e racional como contrapeso à singularidade do meu mundo interior. A família e a profissão permaneceram para mim uma base à qual eu sempre podia regressar, provando que eu era

NOTAS

realmente um homem existente e banal. Os conteúdos do inconsciente às vezes podiam fazer-me sair dos gonzos. Mas a família, a consciência de que eu tinha um diploma de médico e de que devia socorrer meus doentes, de que tinha mulher e cinco filhos e habitava na Seestrasse 228 em Küsnacht eram realidades que me solicitavam. Provavam-me, dia após dia, que eu existia realmente e que não era somente uma folha varrida pelos ventos do espírito, como um Nietzsche. Nietzsche perdeu o solo debaixo dos pés porque nada mais possuía senão o mundo interior de seus pensamentos, mundo que o possuiu muito mais do que Nietzsche a ele. Ele estava desenraizado e pairava sobre a terra; por isto foi vítima do exagero e da irrealidade. Esta irrealidade representava para mim o cúmulo da abominação, pois o que eu visava era este mundo e esta vida. Por mais absorto que estivesse em meus pensamentos e tangido por eles, sempre lembrava que toda essa experiência vivida dizia respeito à minha vida real, cuja extensão e sentido eu buscava cumprir Minha divisa era: Hic Rhodus. Hic Salta! Assim é que minha família e minha profissão sempre foram uma realidade dispensadora de felicidade e a garantia de que eu existia de uma forma normal e verdadeira."

9. É interessante apontar que o nascimento complicado também é uma característica presente nos mitos dos heróis, porém é o exterior que se apresenta como adversário e não uma recusa de entrar no mundo.

10. Um homem pode, obviamente, adotar uma criança, mas dificilmente veremos um *puer* se lançando nesse projeto que, por vezes, demanda muito mais esforço e dedicação que gerar um filho biológico.

11. Von Franz, em seu livro *Puer aeternus* (1981), afirma que um *puer* pode superar o complexo infantil quando de alguma forma se torna capaz de assumir algum tipo de responsabilidade e persistir, colocando a gravidez e o trabalho como imposições da vida que se apresentam, de modo mais frequente, como possibilidade de realizar tal feito.

12. Conto gnóstico encontrado nos textos apócrifos *Atos de Tomé encontrado em códices nas grutas de Nag Hammadi no Egito em 1945*.

13. Mário de Andrade, *Macunaíma: O herói sem nenhum caráter*, 2022, p.10.

14. Não é do meu feitio, no exercício da clínica e das supervisões, trabalhar com diagnósticos e rótulos; na verdade os evito, preferindo as especificidades de cada ser humano que está diante de nós. Porém, por se tratar de um livro, e não de um estudo de caso, em nome da didática, utilizo alguns termos como: narcisismo, neurose ou psicose, pois seus contornos passam a ser prontamente compreendidos pela maior parte do público. Mas não é de forma alguma a intenção dessa exposição fechar diagnósticos e trabalhar sobre eles.

15. Veloso, Caetano. "Sozinho". Composição de Peninha. In: ___. Prenda minha. Philips, 1999.

VÍNCULO FANTASMA

16. Idem.

17. Os deuses que apresentam os atributos do tempo, sempre demonstram de forma bem marcada o domínio do início e do fim da vida, Chronos é o deus grego que devora os filhos ao nascerem; a deusa hindu Kali age de forma semelhante, pois agregam em si os pares de opostos complementares mais impactantes para a psique: a vida e a morte. Não são nem bons nem maus em sua essência, pois em sua unidade transcendem essas categorias, mas, de acordo com a face mostrada, podem ser percebidos de formas distintas.

18. Conto recolhido por Hans Christian Andersen e recontado por Clarissa Pinkola Estés em *Mulheres que correm com os lobos*.

19. Princesa troiana e sacerdotisa dotada da capacidade de prever o futuro, mas que, por sua relutância em ceder a Apolo, recebe a maldição de nunca ser ouvida em suas previsões.

20. Filósofo pré-socrático que viveu por volta do ano 500 a.C., conhecido pelo seu pensamento a respeito da impermanência e da fluidez. "Sobre aqueles que entram nos mesmos rios, águas sempre diversas fluem... Entramos e não entramos nos mesmos rios, somos e não somos... Pois não é possível entrar duas vezes no mesmo rio... nem substância mortal tocar duas vezes na mesma condição: mas pela intensidade e rapidez da mudança, dispersa e de novo reúne, ou melhor, nem mesmo de novo nem depois, mas ao mesmo tempo, compõe-se e desiste, aproxima-se e afasta."

21. Parcas, ou Moiras, são as três divindades responsáveis por tecer, medir e cortar o fio da vida e do destino dos mortais. São elas: Cloto, Láquesis e Átropos.

22. Divindade grega, um Titã, condenado por Zeus a sustentar nos ombros o Céu. Futuramente, é libertado de seu fardo.

23. Marion Woodman, *A feminilidade consciente*: entrevistas com Marion Woodman, 2003, p. 109.

24. Em *Corpus hermeticum* (2007), diversos escritos gnósticos de Radek Chlup, e no *Gnose de Jung e os sete sermões aos mortos* (1990), de Carl G. Jung, o sangue é identificado como a alma que move o corpo e é intermediária entre corpo e espírito.

25. Revivendo um momento de êxtase, quando, aos 4 anos, ganhei de Natal um urso maior que eu.

26. É digno de nota que a devassidão e a sensualidade estéril eram marcas registradas de todos eles.

27. Série de Stephenie Meyer publicada pela editora Intrínseca em 2008.

28. Animação francesa de 1998 realizada por Michel Ocelot a partir de um conto africano.

29. Nessa história pouco conhecida, um rei e uma rainha que não conseguem engravidar fazem um pacto com uma força diabólica para terem uma filha; ao fim de

NOTAS

quatro horas depois de nascer, ela tem o tamanho de uma moça adulta e diz que deve morrer e ser enterrada em um caixão de ferro atrás da igreja; ela avisa, no entanto, que os pais devem colocar sempre um guarda na porta para que ela não cause danos terríveis ao povo inteiro. Só que todas as noites, o guarda designado é encontrado morto, até que o terceiro filho de um soldado é escolhido para a função e, com os conselhos de um velho mendigo sábio, quebra a maldição e se casa com a princesa redimida da sombra de seus pais.

30. O rei é traído pela primeira esposa, por quem era apaixonado, desencadeando o sentimento de desconfiança patológica por todas as mulheres. Como é obrigado a se casar novamente, ele escolhe uma noiva e a executa logo após a noite de núpcias para garantir que não seja traído novamente. Apenas Sherazade consegue curá-lo contando histórias por 1.001 noites.

31. Termos utilizados por Carl Gustav Jung para designar o arquétipo auxiliar da psique. A psique masculina tem no inconsciente a anima, que corresponde a sua energia feminina, e a psique feminina tem no seu inconsciente o *animus*, que corresponde a sua energia masculina. Todas as pessoas possuem em sua psique ambas as energias que têm a função de complementariedade.

32. Versão retirada do livro *Anima e animus nos contos de fadas* (2010), de Marie--Louise von Franz, com o título de "A princesa negra", substituído aqui pela palavra "sombria", mais adequada ao contexto.

33. Personagem do livro de Oscar Wilde, *O retrato de Dorian Gray*, publicado pela primeira vez em 1890.

34. Segundo o folclore do norte do Brasil, na época das festas juninas, um boto cor--de-rosa se transforma em um rapaz belo e robusto, usando um chapéu que nunca tira, pois precisa cobrir seu respiradouro que permanece no alto da cabeça. Ele entra nas festas para se divertir e seduzir alguma bela jovem, levando-a ao rio e, depois de ter relações sexuais com ela durante a noite, some nas águas pela manhã, abandonando-a grávida.

35. No volume 9/2, intitulado *Estudo sobre o simbolismo do si-mesmo* de sua *Obra completa* (Editora Vozes), Carl G. Jung explica como instintos e arquétipo têm, na verdade, a mesma origem, porém atuam em extremidades opostas na matéria e na psique.

36. Carl G. Jung, *Símbolos da transformação*, In: *Obra completa*, v. 5, 2018, p. 253.

37. Era uma ocasião festiva nas quais as mulheres faziam as funções dos homens e vice-versa. Todos riam muito dessa inversão nos deveres diários.

38. Embora existam muitas versões desse mito, as registradas, até onde sei, são todas contadas por homens, o que de fato faz diferença.

39. Um desses ângulos, é o motivo da polaridade arquetípica manifestada nos seres divinos da natureza, Katxékói traz a vida através do alimento, mas também pode trazer a morte quando violentada.

VÍNCULO FANTASMA

40. Hermes Trismegisto, ou Hermes, o três vezes grande, é o título grego dado ao sábio egípcio Inhotep, que seria o pai da grande ciência desse povo. Serviu ao faraó Djoser e construiu a primeira pirâmide, a Saqqara, que tem a forma escalonada. Além da arquitetura e da engenharia, aprimorou a medicina, a filosofia, a arte e a astrologia, o esoterismo, e a escrita, além da química. Mais tarde os egípcios o divinizaram como o Deus Thoth, que possui cabeça de íbis ou babuíno. A ele são atribuídos textos tradicionalmente adotados pelos gnósticos e pelos alquimistas, como *A tábua de esmeralda*, o *Corpus hermeticum* e mais recentemente o *Caibalion*.

41. Edward F. Edinger, *A psique na Antiguidade*, v. 2, 2000, p. 177.

3. Amar e ser amado

1. Na *Obra completa* de Carl G. Jung em português, *Civilização em transição*, v. 10/3, p. 123, parágrafo 232: "O amor é como Deus: ambos só se revelam aos seus mais bravos cavaleiros".

2. "Monte Castelo", canção composta por Renato Russo, busca, através da compilação de partes do poema "Amor é fogo que arde sem se ver", de Luís de Camões, com o capítulo 13 da carta de São Paulo aos coríntios, traduzir os opostos presentes na unidade do amor, o que condiz com as ideias mais básicas a respeito da psique segundo a psicologia analítica. Um trecho da carta de São Paulo é especialmente interessante ao nosso propósito: "Quando eu era criança, falava como criança, sentia como criança e pensava como criança. Agora que sou adulto, parei de agir como criança. O que agora vemos é como uma imagem imperfeita num espelho embaçado, mas depois veremos face a face. Agora o meu conhecimento é imperfeito, mas depois conhecerei perfeitamente, assim como sou conhecido por Deus. Portanto, agora existem estas três coisas: a fé, a esperança e o amor. Porém a maior delas é o amor." (Tradução da Bíblia para os dias de hoje da Sociedade Bíblica do Brasil.)

3. Carl G. Jung, *Sobre o amor*, 2005, p. 23.

4. Carl G. Jung, *Psicologia do inconsciente*, *In*: *Obra completa*, v. 7/1, 2019, p. 65, § 78.

5. Mesmo expressando características fenotípicas masculinas ou femininas, nosso corpo guarda em seu interior o princípio gerador complementar. A psique segue esse mesmo princípio, guardando em si os dois. Um deles será mais preponderante na psique, e consequentemente mais utilizado no seu relacionamento com o mundo, caracterizando a atividade consciente. Assim, o outro se tornará o auxiliar do primeiro e será, portanto, inconsciente. Psiques identificadas com o masculino têm *anima*, e as psiques femininas têm *animus*. Essa é a concepção original de C. G. Jung.

6. Certo dia, um sábio quis conhecer o céu e o inferno, e o desejo lhe foi concedido. Chegando ao inferno, viu que todos pareciam bem, porém, na hora de se alimen-

NOTAS

187

tar, lamentavam profundamente o tormento do castigo recebido, levando a boca ao prato, como animais, no entanto, nunca conseguiam se alimentar direito. Foi quando viu que todos tinham os cotovelos invertidos, por isso não conseguiam se alimentar, pois não era possível levar a comida até a boca. Chegando ao céu, acreditou que encontraria as pessoas com os cotovelos normais, mas, para sua surpresa, elas também tinham os cotovelos invertidos! Mas estavam sempre felizes e bem-nutridos, pois, mesmo sem conseguir alcançar a própria boca, uns alimentavam aos outros.

7. As figuras alquímicas frequentemente ilustram as transmutações da matéria e do espírito, como uma história de amor, que pode ser resumida em seus estágios principais: O rei-sol e a rainha-lua se encontram, entram em um mesmo espaço a ser compartilhado; esse espaço é selado e dentro dele realizam um *hieros gamos*, ou casamento sagrado consumado pela união sexual; em seguida, atravessam as difíceis fases da fermentação e do *nigredo*. Passadas essas etapas, nascem flores e uma criança divina.

8. Johann Wolfgang von Goethe, *Fausto*, 1867, p. 9.

9. Carl G. Jung, *Psicologia do inconsciente. In*: *Obra completa*, v. 7/1, p. 114, § 164.

10. Observei com meus próprios olhos algo minimamente curioso em Florença. Lá existe a igreja de Santa Margarida, mais conhecida como a igreja de Dante, o famoso Dante Alighieri. A casa onde nascera era literalmente a pouco mais de dez passos dali. E foi lá que ele avistou pela primeira e única vez Beatriz Portinari ainda adolescente. Sua imagem ficou fixada em sua mente, mas ele não pôde se aproximar dela. Mais tarde, ambos se casaram na mesma igreja, Dante e Beatriz, porém com parceiros distintos. Beatriz morreu cedo e, pela posição de sua família, foi sepultada dentro da igreja de Santa Margarida. Mesmo assim, ela ficou conhecida como a Beatriz de Dante, eternizada na *Divina comédia* como a imagem idealizada que ele reencontra no paraíso, o seu objeto de amor devocional que, de tão santa, vive próxima à Virgem Maria. Essa é indiscutivelmente uma das maiores obras-primas já escritas. A obra pode ser compreendida como experiência análoga à imaginação ativa de Dante, com a licença da inferência. Pois bem, eis que sobre o túmulo de Beatriz existe uma cesta de bom tamanho onde peregrinas deixam cartas pedindo conselhos e intervenções amorosas, todas elas obviamente a respeito de relacionamentos carnais e concretos, mas não por Beatriz ter sido bem-sucedida em seu casamento real, e sim pela sua imagem de mulher eternamente amada com profunda devoção, imortalizada na *Divina comédia*. Provavelmente, Beatriz Portinari nem sabia da projeção de Dante; na verdade, a *anima* divina foi mais viva na mente de Dante que nos ossos da sepultada Beatriz. Suponho que essas verdadeiras simpatias têm a intenção de trazer para a vida e o convívio

VÍNCULO FANTASMA

cotidiano um pouco do amor em sua faceta mística e sobre-humana. O ser humano precisa de magia, e a busca no amor, pois crê que são aparentados. Talvez sejam.

11. Carl G. Jung, *Civilização em transição*, In: *Obra completa*, v. 10/3, 2011, p. 123, § 232: "O amor é como Deus: ambos só se revelam aos seus mais bravos cavaleiros."

12. A palavra em latim *sacrificius*, em português "sacrifício", é formada por *sacer*, que significa "sagrado", e por *facere*, "fazer". Ou seja, é uma maneira de tornar sagrado um ato.

13. Carl G. Jung, *Civilização em transição*. In: *Obra completa*, v. 10/3, p. 123, § 232: "O amor é como Deus: ambos só se revelam aos seus mais bravos cavaleiros.".

14. Heinrich Zimmer, *A conquista psicológica do mal*, 2005.

15. Zygmunt Bauman, *Amor líquido: sobre a fragilidade dos laços humanos*, 2004, p. 13.

16. Professor Luís Mauro Sá Martino em uma aula na Casa do Saber a respeito do amor.

17. Zygmunt Bauman, *Amor líquido: sobre a fragilidade dos laços humanos*, 2004, p.14.

4. Eros e Psiquê

1. Contribuição de Aristófanes em *O banquete* sobre o que é afinal o amor.

2. Na definição de Junito de Souza Brandão em *Mitologia grega*, v. 2: Eros é o amor personificado. Em grego, ἔρως (éros), do v. ἐραστής (érasthai) "desejar ardentemente", significa com exatidão "o desejo dos sentidos". Em indo-europeu, tem-se o elemento (e)*rem* "comprazer-se, deleitar-se"; em sânscrito, *ramatë* é "ter prazer em estar num lugar"; Psiquê é igualmente a alma personificada. Em grego Ψυχή (psykhé), do v. ψύχειν (psýkhein), "soprar, respirar", significa tanto "sopro" quanto "princípio vital".

3. Termo criado pelo antropólogo francês Lucien Lévy-Bruhl, para designar o fenômeno que observou em culturas primordiais de união entre seres humanos ou seres humanos e animais, como se fossem uma unidade. Não é um estado patológico per se.

4. Esse mesmo motivo aparece em uma história mais recente, *Pinóquio*, de 1883, escrita pelo italiano Carlo Collodi.

5. Tema muito bem desenvolvido em seu livro *A grande mãe* (2021).

6. Psiquiatra checo que desenvolveu pesquisas sobre os estados alterados de consciência, inicialmente com o uso do ácido lisérgico, o LSD, como meio de atingir tais estados e, posteriormente, apenas através de um método criado por ele, a respiração holotrópica. Esses estados alterados de consciência que, segundo Grof, permitem acesso ao momento do nascimento e a seus registros inconscientes que continuam a influenciar a vida adulta.

7. Quando um bebê nasce, ele se aparta fisicamente da mãe, mas continua a circundar seu universo, sua órbita, em uma gesta ampliada ainda experenciando a vida

NOTAS

189

como se fossem uma unidade. Ele se nutre do leite, mas também da esfera afetiva e emocional emanada pela mãe. Ambos continuam imersos nessa situação por um longo tempo. É conhecida a capacidade das crianças pequenas de captarem os estados de humor de suas mães e serem influenciadas por eles, tanto negativos quanto positivos.

8. Junito de Souza Brandão, *Mitologia grega*, 2015.

9. Luiz Paulo Grinberg, "A traição de Bentinho: um estudo sobre a psicopatologia do ciúme e da traição", *Revista Junguiana*, n.18, SBPA, 2000.

10. E vice-versa, um ego masculino pode, através de sua *anima*, dispor da energia feminina necessária para suprir os filhos da melhor forma possível na falta de uma mãe. Mesmo que pouco, será melhor que nada.

11. Utilizo com tranquilidade os termos masculino e feminino advindos da psicologia junguiana com a certeza de que mesmo os leitores e leitoras pouco familiarizados com o assunto já têm maturidade suficiente para compreender que, quando falo de energia masculina, não estou falando de gênero, e sim de energias complementares que ativam tudo quanto há, e que podem se manifestar em forma de gênero. São as duas forças complementares que movem o universo e fazem tudo germinar.

12. Há semelhança com a história da deusa egípcia Ísis – também com raízes nos rituais agrários – que, em meio a sua busca pela urna do corpo do marido, Osíris, trabalha como cuidadora de um príncipe e tenta imortalizá-lo pelo fogo, mas é impedida pela mãe da criança que, sem compreender o que está acontecendo, interrompe o processo e, em seguida, Ísis se revela. A peregrinação de Ísis também dá origem a um culto, os mistérios de Ísis, praticado por muitos anos não só no Egito, mas em todo Mediterrâneo. O relato mais próximo está em *O asno de ouro*, de Apuleio.

13. Os grandes pesquisadores da mitologia, Kereny, Eliade e Brandão, apenas para citar alguns, concordam que provavelmente o culto à deusa Deméter, um culto agrário, é o mais antigo, fazendo dela a primeira grande deusa. De fato, o que chega até nós é uma transformação que a imagem simbólica do arquétipo da grande mãe vem passando através do tempo, mas ele guarda a sua essência de forma ainda bastante acessível.

14. Intimamente relacionada com os processos psicológicos da individuação segundo Jung.

15. Filósofo grego que viveu por volta dos anos 150 a 215 d.C.

16. A não identificação pode se dar pela análise de que Perséfone é divina, portanto a personificação de um arquétipo enquanto força da natureza, sempre atrelada aos ciclos; enquanto Psiquê é a humana que, através da sua redenção, se torna imortal. Se Psiquê é a representação daquela que vence a roda do karma, Perséfone é a própria roda.

VÍNCULO FANTASMA

17. Claro que estamos, neste caso, falando de um padrão neurótico, pois se repete inúmeras vezes. Quando acontece uma vez, procurar o apoio materno até curar as feridas para ir em frente é uma opção plausível.
18. Clarissa Estés Pinkola, *Mulheres que correm com os lobos*, Rio de Janeiro: Rocco, 2018, p. 110.
19. Carl G. Jung, *Psicologia do inconsciente. In: Obra completa*, v. 7/1, 2013, p. 65, § 78.

5. Complexo de Psiquê

1. Conto tradicional norueguês coletado por Peter Christian Asbjórnsen e Jórgen Moe.
2. Skank. "Acima do sol". In: ___. *MTV ao vivo – Skank*. Sony, 2001

6. As quatro fases fundamentais da psique: criança, herói, regente e sábio

1. O termo alemão significa "espírito da época", ou seja, como se a tônica que direciona um momento da humanidade permeasse todas as questões emergentes de determinado período, seja na ciência, nas artes, seja na vida pessoal.
2. Quando o indivíduo já obteve as conquistas correspondentes às tarefas da primeira metade da vida, como estudo, trabalho, família, amigos, e toda sorte de elementos que irão significá-lo, em maior ou menor grau.
3. De forma alguma é uma idade arbitrária, apenas um balizamento.
4. Talvez por esse motivo, James Hillman tenha se dedicado tanto à díade *puer* e *senex* (idoso) em sua psicologia arquetípica que, embora tenha suas bases na psicologia analítica, tomou um rumo próprio e se diferenciou da psicologia junguiana clássica (desenvolvida segundo os conceitos tal qual foram trazidos por Jung) em diversos aspectos. A sua concepção do *puer* é trabalhada por outros ângulos, diferentes dos contemplados nesse texto, no qual é privilegiada a abordagem de Von Franz, autora clássica. Aos mais interessados, pode ser proveitoso conhecer a concepção de Hillman que, em vez de oposta, pode ser vista como complementar.
5. Carl G. Jung, *O segredo da flor de ouro*, 2017, p. 51.
6. Entrevista de Carl G. Jung concedida a John Freeman para o programa da BBC *Face to Face*. Tradução de Álvaro Cabral.
7. Heinrich Zimmer, *A conquista psicológica do mal*, 2005, p. 116.
8. Falta grave originária de sentimentos vis como raiva, inveja, orgulho e ciúmes.
9. Jung, Carl G. *O eu e o inconsciente. In: Obras completas*, v. 7/2, 2011, p. 95, § 314.
10. Clarissa Estés Pinkola, *Mulheres que correm com os lobos*, 2018, p. 109.
11. Essa realidade foi captada de forma bastante nítida na história de *Alice no país das maravilhas*, quando ela aumenta e diminui de tamanho sucessivas vezes para se adaptar às situações.
12. Lewis Carroll, *Alice no país das maravilhas*, 2013, p. 63.

NOTAS

13. A série *Sharp Objects* de 2018 fala bem desse transtorno levado ao extremo.

14. "E assim como todas as coisas vieram do um, assim todas as coisas são únicas, por adaptação." Parte da inscrição da *Tábua de esmeralda*.

15. É interessante que esse princípio é o mesmo aplicado a uma invenção recente, a bomba atômica, que deve sua "eficácia" ao bombardeamento de uma estrutura atômica pesada e instável até que ela se desfaça em porções menores, liberando energia e gerando um efeito em cadeia; vai tudo pelos ares numa dispersão nunca vista antes, cuja contaminação se espalha pelo ar para muito além dos estragos visíveis por muitos anos.

16. Segundo a astrologia, baseada no estudo do fenômeno chamado precessão dos equinócios, a cada 2 mil anos passamos por uma mudança de eras, na qual vivenciamos como humanidade de forma mais intensa a energia correspondente a um determinado signo zodiacal. A era de peixes teve como marco o início da contagem do tempo a partir do nascimento de Jesus Cristo. Agora, estamos na transição para a Era de Aquário.

17. Ao contrário do que muitos possam imaginar, Jung não incorporou a astrologia como uma técnica da psicologia analítica.

18. Médico e psicólogo alemão considerado o fundador da psicologia científica e experimental no século XX.

19. Aqui Jung se refere à teoria de Adler, um outro dissidente do movimento psicanalítico de Freud que arrebanhou um número relevante de seguidores na época, sendo reconhecido como um dos três grandes expoentes da psicanálise ao lado de Freud e Jung. Porém hoje em dia seu pensamento caiu em desuso. Segundo Adler, o impulso vital, ou seja, a libido, não era a sexualidade e sim o desejo de poder.

20. Carl G. Jung, *Estudos sobre psicologia analítica, In: Obra completa*, v. 7.1, 2019, p. 57, § 67.

21. Carl G. Jung, *Seminários sobre análise de sonhos*, 2019, p. 203.

22. Substância primordial da alquimia, que tem a capacidade de dissolver tudo e, ao mesmo tempo, catalisar uma nova síntese se usada adequadamente dentro da *arte*, como também é conhecida a prática alquímica.

23. Carl G. Jung, *Civilização em transição, In: Obra completa*, v. 10/3, 2019, p. 123, § 234.

24. O físico americano Thomas Kuhn, filósofo da Ciência, estudou e expôs as características específicas de uma época como a nossa, em que vivemos uma mudança de paradigmas científicos, com o embate entre o novo e o já estabelecido, gerando uma espécie de caos que, posteriormente, surgirá como nova organização paradigmática.

25. Marie-Louise von Franz, *Puer aeternus*, 1992, p. 201.

192 VÍNCULO FANTASMA

26. É inegável a similaridade entre Fo e seus seguidores à de Peter Pan e as crianças perdidas, porém sem o verniz que torna Peter Pan mais palatável enquanto eterno *puer* introjetado de Wendy.
27. Aldous Huxley, *Admirável mundo novo*, 2022.
28. Filme *2001: Uma odisseia no espaço*, EUA e Reino Unido, 1968.
29. Carl G. Jung, *Fundamentos de psicologia analítica, In: Obra completa*, v. 7.1, p. 39, § 32.

Epílogo: em busca de sentido

1. Escrevendo essas palavras, ainda sinto certo receio de que algum desavisado com limitada capacidade de abstração simbólica, interprete a história como exemplo literal e saia abandonando a família e o trabalho para mendigar como parte do processo de individuação, quando, na verdade, estaria sendo um imaturo, mais como um Macunaíma fantasiado de monge do que um Sidarta. Seria o mesmo que buscar a iluminação sendo pregado em uma cruz para seguir o Cristo. E olha que há quem tente! Jung reconheceu esse subterfúgio e o chamou de *imitatio*, sendo o mais estéril dos caminhos, além de uma patológica inflação do ego identificado com as figuras divinas.
2. No original, a palavra utilizada é *homem*, referente a todas as pessoas, homens e mulheres, portanto; embora a considere adequada como coletivo, nesse momento acreditei que facilitaria trocar pela palavra *humano*.
3. Carl G. Jung, *Memórias, sonhos, reflexões*, 2017, p. 281.
4. Gonzaguinha, "O que é, o que é." In: ___. Caminhos do coração. EMI-Odeon, 1982.
5. Dante Alighieri, *A divina comédia*, 2016.

Anexo 1: Eros e Psiquê

1. Lúcio Apuleio citado por Junito de Souza Brandão em *Mitologia grega*, v. 2, p. 210.
2. Lúcio Apuleio citado por Junito de Souza Brandão em *Mitologia grega*, v. 2, p. 212.
3. Lúcio Apuleio citado por Junito de Souza Brandão em *Mitologia grega*, v. 2, p. 214.
4. Lúcio Apuleio citado por Junito de Souza Brandão em *Mitologia grega*, v. 2, p. 215.
5. Os mortos eram enterrados com apenas uma moeda na boca para pagarem a ida. Qualquer herói vivente deveria sempre levar duas moedas para garantir o retorno.
6. Lúcio Apuleio citado por Junito de Souza Brandão em *Mitologia grega*, v. 2, p. 219.

Bibliografia

Alighieri, Dante. *A divina comédia*. Porto Alegre: L&PM Pocket, 2016.

Andrade, Mário de. *Macunaíma:* O herói sem nenhum caráter. Rio de Janeiro: José Olympio, 2022.

Bauman, Zygmunt. "Introdução". *In: Amor líquido*. São Paulo: Jorge Zahar, 2004.

Borges, Jorge Luís. *Livro dos sonhos*. Rio de Janeiro: Bertrand Brasil, 1996.

Brandão, Junito de Souza. *Mitologia grega*. Petrópolis: Vozes, 2015, v. 1.

___. *Mitologia grega*. Petrópolis: Vozes, 2015, v. 2.

___. *Mitologia grega*. Petrópolis: Vozes, 2015, v. 3.

Brontë, Emily. *O morro dos ventos uivantes*. Rio de Janeiro: Record, 2022.

Campbell, Joseph. *O herói de mil faces*. São Paulo: Pensamento, 1989.

Carroll, Lewis. *Alice no país das maravilhas*. Rio de Janeiro: Zahar, 2013.

Edinger, Edward F. *A psique na antiguidade:* Filosofia grega de Tales a Plotino. São Paulo: Cultrix, 2000, v. 1.

___. *A psique na antiguidade:* Gnosticismo e primórdios da cristandade. São Paulo: Cultrix, 2000, v. 2.

___. *Anatomia da psique:* O simbolismo alquímico na psicoterapia. São Paulo: Cultrix, 1990.

___. *Ciência da alma*. São Paulo: Paulus, 2004.

Estés, Clarissa Pinkola. *Mulheres que correm com os lobos:* Mitos e histórias do arquétipo da mulher selvagem. Rio de Janeiro: Rocco, 2018.

Evans, Richard. L. *Entrevista com Jung e as reações de Ernest Jones*. Rio de Janeiro: Editora Eldorado, 1964.

Franz, Marie-Louise von. *O asno de ouro:* O romance de Lúcio Apuleio na perspectiva da psicologia analítica junguiana. Petrópolis: Vozes, 2016.

___. *O feminino nos contos de fadas*. Petrópolis: Vozes, 2010.

___. *Puer aeternus:* A luta do adulto contra o paraíso da infância. São Paulo: Paulus, 1992.

Goethe, Johann Wolfgang von. *Fausto*. Lisboa: Tipografia Franco Portuguesa, 1867.

Grinberg, Luiz Paulo. "A traição de Bentinho: um estudo sobre a psicopatologia do ciúme e da traição", *Revista Junguiana*, n.18, SBPA, 2000.

Grof, Stanislav. *O jogo cósmico*. Rio de Janeiro: Atheneu, 1998.

Huxley, Aldous. *Admirável mundo novo*. Rio de Janeiro: Biblioteca Azul, 2022.

Jung, Carl G. *Aion*. In: *Obra completa*, v. 9/2. Petrópolis: Vozes, 2013.

___. *Fundamentos de psicologia analítica*. In: *Obra completa*, v. 18/1. Petrópolis: Vozes, 2001.

___. *Memórias, sonhos, reflexões*. Rio de Janeiro: Nova Fronteira, 2017.

___. *O espírito na arte e na ciência*. In: *Obra completa*, v. 15. Petrópolis: Vozes, 2011.

___. *O eu e o inconsciente*. In: *Obra completa*, v. 7/2. Petrópolis: Vozes, 2011.

___. *O homem e seus símbolos*. Rio de Janeiro: Nova Fronteira, 2008.

___. *O segredo da flor de ouro: Um livro de vida chinês*. Petrópolis: Vozes, 2017. (Kindle)

___. *Presente e futuro*. In: *Obra completa*, v. 10/1. Petrópolis: Vozes, 2011,.

___. *Psicologia do inconsciente*. In: *Obra completa*, v. 7/1. Petrópolis: Vozes, 2013.

___. *Civilização em transição*. In: *Obra completa*, v. 10/3. Petrópolis: Vozes, 2011.

___. *Seminários sobre análise de sonhos*: Notas sobre os seminários 1928-1930 de C. G. Jung. Petrópolis: Vozes, 2019.

___. *Seminários sobre psicologia analítica*. Rio de Janeiro: Vozes, 2014.

___. *Símbolos da transformação*. In: *Obra completa*, v. 5. Petrópolis: Vozes, 2013, v. 5.

___. *Sobre o amor*. São Paulo: Ideias e Letras, 2005.

McGuire, William; Hull, R.F.C. *Carl Gustav Jung, entrevistas e encontros*. São Paulo: Editora Cultrix. 1977

Neumann, Erich. A *grande mãe*: Um estudo histórico sobre os arquétipos, os simbolismos e as manifestações femininas do inconsciente. São Paulo: Cultrix, 2021.

Neumann, Erich. *História da origem da consciência*. São Paulo: Cultrix, 1990.

Trismegistos, Hermes. *Corpus Hermeticum*. São Paulo: Hemus, 2001.

Wilde, Oscar. *O retrato de Dorian Gray*. Rio de Janeiro: Record, 2022.

Woodman, Marion. A *feminilidade consciente*: Entrevistas com Marion Woodman. São Paulo: Paulus, 2003.

Zimmer, Heinrich. A *conquista psicológica do mal*. São Paulo: Palas Athenas, 2005.

Este livro foi composto na tipografia
Minion Pro, em corpo 11/15, e impresso
em papel off-white no Sistema Cameron da
Divisão Gráfica da Distribuidora Record.